BADEN
IN 101 ORTEN

Eva Klingler

BADEN
IN 101 ORTEN

Gewidmet den kompetenten und geduldigen „Bücherwürmern" im A & S Bücherland in Karlsruhe – allen voran Klaus Ackermann, der anscheinend immer weiß, wo man in den Regalen genau das findet, was man gerade braucht!

Bibliografische Information der Deutschen Nationalbibliothek
Die Deutsche Nationalbibliothek verzeichnet diese Publikation in der Deutschen Nationalbibliografie; detaillierte bibliografische Daten sind im Internet über http://dnb.d-nb.de abrufbar.

Stefan Schmid Design, Stuttgart, unter Verwendung von Abbildungen aus dem Innenteil, s. Bildnachweis

Der Konrad Theiss Verlag ist ein Imprint der WBG
© 2014 by WBG (Wissenschaftliche Buchgesellschaft), Darmstadt
Die Herausgabe des Werkes wurde durch die Vereinsmitglieder der WBG ermöglicht.
Lektorat: Kohler Media, Karlsruhe, www.kohler-media.com
Kartografie: Astrid Fischer-Leitl, München
Satz und Gestaltung: Kohler Media, Karlsruhe, www.kohler-media.com
Gedruckt auf säurefreiem und alterungsbeständigem Papier
Printed in Germany
Besuchen Sie uns im Internet: **www.wbg-wissenverbindet.de**
ISBN 978-3-8062-2898-4

INHALT

III Mittelbaden

IV Nordbaden

VORWORT

Der Name alleine lässt Wohlgefühl aufkommen. Baden, und gar in der Doppelung Baden-Baden, das klingt nach Erholung und Wärme.

Und genau das, aber nicht nur das, bietet Deutschlands südwestliche Sonnenstube zwischen Tauberbischofsheim und Laufenburg am Hochrhein, von Heidelberg bis Badenweiler. Vom Siegfriedbrunnen im Odenwald bis zum Faustmuseum in Knittlingen ...

Einst ein Flickenteppich aus Reichsstädten wie Konstanz oder Gengenbach und Residenzen und Grafensitzen wie Karlsruhe und Wertheim, ist erst durch Napoleons Unterschrift das Großherzogtum Baden entstanden. Durch die klassizistischen Prachtbauten von Friedrich Weinbrenner und seinen Epigonen hat sich Baden in Karlsruhe und in den anderen Städten des jungen Landes selbst neu erfunden. Doch die Geschichte der verschiedenen Burgherren und Kirchenfürsten hat sich in zahllosen, ganz unterschiedlichen Kulturdenkmälern erhalten, wie der Kreuzblume des Freiburger Münsterturmes und dem lieblichen Schwetzinger Schloss.

Mit Stolz singen der Schwarzwaldbauer und der Mannemer Bu das Badnerlied vom „schönsten Land in Deutschlands Gau'n". Und haben sie nicht recht? Vielfältiger könnte das kulturelle Erbe dieses von Wein und Obst, von Toleranz und Offenheit geprägten Landes nicht sein. Die Riviera des Bodensees mit der verspielten Wallfahrtskirche Birnau, die einsamen Weiler des südlichen Schwarzwaldes und die lebensfrohen, französisch anmutenden Städte wie Offenburg. Das weltberühmte Luxusbad Baden-Baden, die Fächerstadt Karlsruhe und das Fachwerk der Neckarperlen Mosbach und Neckarsteinach. Sehenswürdigkeit reiht sich an Sehenswürdigkeit. Und all dies eingebettet in Naturereignisse wie die Flusslandschaften an Murg und Kinzig, die tosenden Wasserfälle von Triberg oder die sanften Hügel des Kraichgaus.

In das Buch wurden einige wenige Orte aus dem Grenzgebiet aufgenommen, die historisch nicht zum badischen Territorium gehörten, heute aber Teil des Regierungsbezirks Karlsruhe und so dann doch irgendwie badisch sind. Dies sei hier, der historischen Korrektheit wegen, erwähnt.

Eva Klingler

01 IMPERIA IN KONSTANZ

Ganz schön gewagt: Eine Hure als Wahrzeichen der Stadt

Für eine Prostituierte fällt sie ungewöhnlich voluminös aus: Neun Meter hoch und 18 Tonnen schwer. Ihre Berufskleidung ist schon eher typisch: aufreizend der halb geöffnete Mantel und das verführerisch freizügige Dekolleté. Wie die züchtigere Freiheitsstatue in New York steht auch sie an herausgehobener Stelle am Wasser, und zwar am Steg, der den Hafen nach Norden begrenzt.

Die Imperia in Konstanz ist doch tatsächlich ein Denkmal für eine Kurtisane. Seit 1993 steht dieses von Peter Lenk aus Bodman geschaffene Monument zwischen Gondel- und Bundesbahnhafen majestätisch da und straft mit ihrem hochmütigen Gesichtsausdruck das Vorurteil Lügen, Kurtisanen seien nur für „das Eine" da. Ihre Namensgeberin, die „göttliche Imperia", wurde einst sogar im klerikal dominierten Rom des 16. Jahrhunderts als eine äußerst gebildete Frau verehrt, die Gedichte schrieb, sich mit Platon beschäftigte und ihre Reize einsetzte, um Einfluss auf die Politik auszuüben. Letzteres gilt offensichtlich auch für die Konstanzer Imperia. In den Händen hält sie zwei Gnome: in der Rechten ein Männlein mit Krone – vermutlich Kaiser Sigismund – in der Linken eines mit Papstkrone. Beide sind nackt. Die Szene versinnbildlicht das Konstanzer Konzil 1414 bis 1418, als mit der Wahl von Martin V. im Konzilgebäude, damals ein Kaufhaus, die einzige Papstwahl nördlich der Alpen stattfand. Eine Veranstaltung, anlässlich derer es in der Stadt von käuflichen Damen nur so wimmelte.

Imperia jongliert mit den mächtigen Männern ihrer Zeit und trägt eine Narrenkappe mit Schellen, um zu zeigen, dass für sie das Ganze ein Spiel ist. Nicht so für die Konservativen unter den Konstanzer Bürgern, für die die allzu Freizügige einst ein Ärgernis war. Inzwischen haben sich die Gemüter beruhigt, und die Dame wurde zum Touristenmagnet. Immerhin hat die Imperia auch eine nützliche Seite: Sie steht auf dem begehbaren Sockel eines früheren Molenturms, welcher die älteste Pegelmessstation Baden-Württembergs beinhaltet. Und damit jeder ihre Schönheit würdigt, dreht sich die Figur innerhalb von vier Minuten einmal um die eigene Achse. Wenn sie nach hinten blickt, so sieht sie das Konzilgebäude, in dem damals Weltgeschichte geschrieben wurde. Und dabei hat sie gut lächeln.

02 INSEL REICHENAU

Über die Pappelallee zum Weltkulturerbe

Auf dieser Insel, die man über einen Damm erreicht, ist es still. Kein Rummel. Wohl auch deshalb fühlte sich im elften Jahrhundert der Mönch Hermann von Altshausen, genannt der Lahme, in seinem Rollstuhl auf der Bodenseeinsel Reichenau gut aufgehoben. Das Gemüse und der Salat von hier stehen heute für höchste Qualität – vor mehr als tausend Jahren waren es jedoch die Mönche und Klosterschüler, die in ganz Europa berühmt waren. Abt Waldo etwa wirkte auch als Bischof von Pavia und erzog immerhin den Kaisersohn Pippin zum Langobardenkönig. Das Benediktinerkloster auf der Reichenau wurde einst vom Wanderbischof Pirmin im 8. Jahrhundert gegründet und zählte in seiner Blütezeit zu den bedeutendsten Stätten des Abendlandes. Im Jahre 822 besaß man wohl an die 415 handgeschriebene Bücher – damals ein Schatz. Walahfried Strabos „Hortulus", eine der wenigen Quellen zum mittelalterlichen Gartenbau, zählt dazu. Die 24 Kulturpflanzen, die er beschrieb, werden heute noch in einem „Kräutergärtle" gezeigt.

Drei bedeutende Kirchen beherbergt die seit 1838 über einen pappelgesäumten Damm erreichbare Reichenau, die mit 4,5 Kilometern Länge und 1,5 Kilometern Breite die größte Insel des Bodensees ist. Allerdings kommt sie weit weniger mondän daher als ihre Nachbarinnen. Keine protzigen Wellnesspaläste, dafür kleine Gasthäuser und eher bescheidene Hotels, die Fischgerichte aus eigenem Fang servieren. Diese genießt der Gast ebenso wie das typisch mild-feuchte Klima zwischen den beiden Gewässern, dem Untersee mit Blick aufs Schweizer Ufer und dem Gnadensee mit seinem Schilfrand unterhalb des Bodanrücks. Seit dem Jahr 2000 steht die Klosterinsel Reichenau auf der Liste des UNESCO-Welterbes: Das Zusammenspiel dreier Kirchen – St. Georg in Oberzell, eine karolingische Säulenbasilika mit romanischen und gotischen Elementen, St. Maria und Markus in Mittelzell sowie die ehemalige Stiftskirche St. Peter und Paul in Niederzell – vor dem Hintergrund der Benediktinerabtei als bedeutendes Zeugnis mittelalterlicher Klosterkultur hat der Reichenau die Aufnahme in den illustren Kreis eingebracht.

ADRESSE: 78479 Reichenau, → *www.reichenau.de*. **TIPP:** Probieren Sie vor Ort einen Wein von einem Reichenauer Winzer – aus Deutschlands südlichstem Weinanbaugebiet.

03 MEERSBURG AM BODENSEE

Die Meersburg – Wahrzeichen der Region

Meersburg ist ein Schmuckkästchen. Mit der Uferpromenade am See und den Fährschiffen, dem grandiosen Blick auf Alpengipfel, der Altstadt mit all ihren Toren, Gassen, Winkeln, lauschigen Plätzen und kleinen Läden lädt die Stadt ganzjährig zum Flanieren und Kaffee trinken am Bodenseeufer ein. Doch eine der bedeutendsten Attraktionen muss hart erarbeitet werden. Anfangs noch federnden Schrittes, am Ende immer mühsamer, erklimmt der Tourist Deutschlands wohl älteste bewohnte Burg, die aus 440 Metern Höhe majestätisch auf das fast südländisch anmutende Treiben zu ihren Füßen schaut.

Das Alte Schloss bietet Mittelalterfeeling pur für die ganze Familie. Die Waffenhalle mit Rüstungen, der Rittersaal, die Brunnenstube – überall scheinen die Schritte der historischen Burgherren widerzuhallen. Nach einer Überlieferung, die im 19. Jahrhundert von Joseph von Laßberg, einem einstigen Besitzer der Burg, nur zu gerne kolportiert wurde, soll der Bau des mächtigen Gemäuers bereits um 630 von dem merowingischen König Dagobert I. in Angriff genommen worden sein. Wissenschaftler bezweifeln dies; die archäologische Untersuchung der rohen Steine des Dagobertturms konnte die Frage jedenfalls bisher nicht eindeutig beantworten.

Neben den vielen weltlichen Herren, denen die Burg zeitweilig gehörte, darunter der Hohenstaufer Friedrich II., diente das eindrucksvolle Monument hoch über dem See einst auch den Fürstbischöfen von Konstanz als Residenz, die 1526 im Zuge der Reformation aus ihrer Stadt vertrieben wurden. Diese Herren führten hier ein Leben voller Pracht, verschrieben sich aber auch der Wissenschaft. Ein Zeugnis dafür ist die einzigartige Schneckensammlung, die heute im unweit liegenden Neuen Schloss untergebracht ist.

Nach der Säkularisation fiel die Burg an den Großherzog von Baden, der sie 1838 an den oben genannten Joseph von Laßberg verkaufte.

ADRESSE: Schlossplatz 10, 88709 Meersburg, → *www.burg-meersburg.de*. **TIPP:** Die Internationalen Schlosskonzerte finden jährlich im Spiegelsaal des Neuen Schlosses statt.

04 INSEL MAINAU

Königliches Blumenmeer – Touristenmagnet am Bodensee

Fast zwei Millionen Besucher können nicht irren. Die nämlich strömen alljährlich auf die Isola Bella, besser bekannt als Blumeninsel. Mit ihren 45 Hektar ist sie die drittgrößte Insel im Bodenseearchipel und ein in seiner Pracht unerreichbares Mekka für ganz normale Gartenbesitzer. Die Mainau ist beinahe eine schwedische Außenstelle am Bodensee. Das Eiland wurde vom 1928 kinderlos verstorbenen Friedrich II. von Baden an seine mit dem schwedischen König verheiratete Schwester Viktoria vererbt und ging schließlich von deren Sohn, Prinz Wilhelm II. von Schweden, 1932 an seinen eigenen Spross Lennart Bernadotte über.

Die Geschichte der Insel reicht jedoch viel weiter in die Vergangenheit. Schon in römischer Zeit ein militärstrategischer Stützpunkt, gehörte die Mainau im 8. Jahrhundert noch zur Klosterinsel Reichenau, bis sie eben im Laufe ihrer Geschichte an die schwedische Königsfamilie fiel. Was der Insel gut bekam – gesellt sich doch nun auch Adelsglamour zur historischen Kulisse des vor rund 250 Jahren erbauten Schlosses samt Kirche. Bernadotte aus dem hohen Norden „gärtnerte um der Menschen willen" und legte den Grundstein für eine Blütenpracht, die in unseren Breiten ihresgleichen sucht. Im April blühen 800 Sorten Narzissen, Tulpen und Hyazinthen, gefolgt von 300 verschiedenen Arten von Azaleen und Rhododendren im Mai. Im Juni erfreuen insgesamt 300 000 Sommerblumen und 30 000 Rosenstöcke den Besucher, der wahlweise mit dem Schiff oder mit dem Auto anreisen kann.

Ab September verabschiedet sich der Sommer mit 20 000 Dahlien in 200 verschiedenen Sorten. Im Winter lockt das Schmetterlingshaus und das Infozentrum „Natur und Kultur im Bodenseeraum" im alten Wehrturm. Aber die Insel Mainau hat noch mehr zu bieten: Natürlich das Barockschloss, aber auch Mammutbäume, Platanen und Zedern. Besonders sehenswert: Die von Carl von Linné erdachte Blumenuhr. Zu jeder Tagesstunde erblüht oder schließt sich eine andere Blume auf einem duftenden Ziffernblatt, angeblich konnte Linné anhand seiner blühenden Uhr die Zeit bis auf fünf Minuten genau bestimmen.

ADRESSE: 78465 Konstanz, ➜ *www. mainau.de.*
TIPP: Besuchen Sie das zweitgrößte Schmetterlingshaus Deutschlands auf der Insel Mainau.

05 BIRNAU

Wallfahrt ins Barockparadies

Da stoßen Welten aufeinander. Die berühmte Figur des Honigschleckers, ein verzückt dreinschauender Putto mit Bienenkorb von Joseph Anton Feuchtmayer, gilt unter anderem als Schutzengel der Barmixer! Das will nicht recht zu dem Auftrag eines Gotteshauses wie der Barockkirche Birnau passen, die noch heute von einem Zisterzienserorden aus der Gegend von Bregenz verwaltet wird und ein viel besuchter Wallfahrtsort ist. Doch die Basilika Birnau ist nicht nur für zahllose Kunstfreunde der Inbegriff barocker Baukunst, sondern längst auch ein Wahrzeichen des Bodensees geworden. Man heiratet gerne dort und lässt sich auf der herrlichen Terrasse mit dem gigantischen Bodenseeblick fotografieren – im Rücken das markgräfliche Weingut Oberhof, das häufig zu Weinproben und Weinfesten einlädt.

Das selbst für diesen überbordenden Baustil üppig ausgefallene Kleinod des Barock überwältigt mit seinem überaus reich verzierten Innenraum. Fast schafft man es nicht, bei einem Besuch alles zu erfassen: Stuck, Stuckmarmor, Engel und gemalte Heiligenfiguren bis hin zum Hauptfresko „Verherrlichung der Lieblichen Mutter" von Gottfried Bernhard Götz aus Augsburg, der auch die Decke in anheimelnden Brauntönen gestaltete. Feuchtmayer schuf die Stuckarbeiten mit den vielen schwebenden Engelsfiguren, unter ihnen eben jener Honigschlecker, dessen Abbild als preiswertes Lieblingssouvenir im Klosterladen angeboten wird. In nur vier Jahren entstand die Basilika Birnau im Auftrag der Reichsabtei Salem auf einer Landnase des Überlinger Sees, schon damals oberhalb der bereits existierenden Wirtschaftsgebäude, die heute „Schloss und Tagungszentrum Maurach" heißen. Nur Weinberge und Wiesen umgeben die Kirche, die zwischen Nußdorf und Uhldingen-Mühlhofen stolz Land und See überblickt. Das Sonnenlicht dringt durch zwei Reihen mit je fünf Fenstern in den überwältigenden Innenraum des Gotteshauses, und wenn zu den Gottesdiensten die prachtvolle Orgel erklingt, dann scheint die beabsichtigte Wirkung einzutreten: Der Besucher fühlt sich angesichts der theatralisch gestalteten Deckenfresken dem Himmel ganz nah.

ADRESSE: Birnau-Maurach 5, 88690 Uhldingen-Mühlhofen, ➜ www. *birnau.de.* **TIPP:** Das barocke Schloss Maurach liegt unterhalb der Wallfahrtskirche direkt am Bodenseeufer.

06 PFAHLBAUTEN IN UHLDINGEN

Auf den Spuren unserer Vorfahren

Zurück in die Steinzeit? Muss nicht sein, denn es gibt in dem direkt am Bodensee gelegenen Unteruhldingen genug andere reizvolle Freizeitangebote. Schon im Mittelalter befand sich hier ein bedeutender Hafen; heute schaukeln Boote und kleine Yachten friedlich an der kleinen, intimen Flanierpromenade mit Minigolf und Cafébetrieb. Die reizvolle Lage zwischen Meersburg und Birnau, die zu Fahrradtouren einlädt, das Naturschutzgebiet „Seefelder Aach" und das privat geführte, moderne Reptilienhaus: alles Pluspunkte.

Doch irgendwie kommt man doch nicht vorbei an den Pfahlbauten. Sie gehören zu einem der größten Freilichtmuseen Europas – und sicher auch einem der traditionsreichsten. Auf den ersten Blick gar nicht so spektakulär und doch würdevoll ragen sie aus dem See, die Nachbauten eines jungsteinzeitlichen Dorfes aus der Zeit vor etwa 5500 Jahren sowie die Reproduktion einer „modernen" Siedlung, die nur 3000 Jahre alt ist. Die Darstellung des damaligen Lebens bringt auch die Kinder des Digitalzeitalters zum Nachdenken – insbesondere während der dreiviertelstündigen Führung, die in den einzelnen Museumsabschnitten Mitmachaktionen wie Brot backen bietet. Wie gut und bequem, wie einfach haben wir es heute! Kein Korn mahlen und mühsam Brotfladen backen, sondern einfach zum Bäcker um die Ecke laufen. Fisch nicht selbst angeln müssen, sondern tiefgefroren kaufen.

Das zwischen 1922 und 1940 geschaffene Pfahlbaudorf von Uhldingen basiert auf Erkenntnissen, die aus Funden von steinzeitlichen Pfählen in verschiedenen Seen bei extremem Niedrigwasser gewonnen wurden: am Zürichsee, an schweizerischen Voralpenseeen und am Bodensee. Im Museum sind erstaunlich gut konservierte Ausgrabungsfunde aus dem gesamten Bodenseeraum – von der Steinzeit bis zur Völkerwanderung – zu sehen. Doch nicht nur Pfähle, auch Schmuck, Kleiderfragmente, Kinderspielzeug, Waffen, Werkzeuge und Tontöpfe sind erhalten, dokumentiert und ausgestellt.

ADRESSE: Strandpromenade 6, 88690 Uhldingen-Mühlhofen,
→ *www.pfahlbauten.de.* **TIPP:** Der Uhldinger Zeitweg führt auf
zwei Kilometern mit 20 Stationen in 10 000 Jahre Landschafts-
und Kulturgeschichte ein.

07 SALEM

Wohnstatt des badischen Markgrafen und Eliteschule

Man darf es eigentlich nicht. Doch wem es gelingt, während der Schloss-führungen einen Blick in die Alltagswelten der Internatsschüler in der Schule Salem zu werfen, der ist fasziniert von der lebendigen Vielfalt, die in diesen Räumen widerhallt. Hier klingt eine Geige aus dem offenen Fenster, dort scherzen Jugendliche in Englisch. Viele von ihnen strahlen britischen Understatement-Chic aus: Kaschmirpulli, karierter Faltenrock. Angeberei ist in der 1930 von Kurt Hahn gegründeten Schule mit dem Ideal „Wahrheitsliebe, Mut, Verantwortung" allerdings nicht erwünscht.

Insgesamt 700 Schüler werden hier in „Deutschlands Eton" gebildet und ausgebildet, nicht selten für Führungspositionen in der Wirtschaft. Die Aufnahme ist nicht selbstverständlich, das Schulgeld hoch, doch es gibt Stipendien für Begabte. An den Pinnwänden künden Angebote von inter-nationalen Projekten und die Namenslisten der Schüler verheißen gelebte Globalisierung. Mit dem Tennisschläger oder im Reitdress laufen sie vorbei am Kreuzgang und durchqueren die Tore der mittelalterlichen Anlage – ehrfurchtslos und selbstbewusst. Es ist dieser Kontrast – auf der einen Seite die unbekümmerten jungen Leute, auf der anderen Seite die historische Anlage, die vor nunmehr fast 880 Jahren im Aachtal gegründet wurde – welcher den Reiz dieses entspannt inmitten von sattem Grün liegenden Kulturdenkmals mit seinen drei großen, weiten Innenhöfen ausmacht.

Die ehemalige Zisterzienserabtei mit ihrem hochgotischen Münster, dem barocken Konvent- und Prälaturkomplex, den aus dem Rokoko stam-menden Toren sowie den Wirtschaftsgebäuden aus verschiedenen Zeiten gehört seit 2009 zum Kreis der baden-württembergischen Schlösser und Gärten, denn für die markgräfliche Familie, die seit 1803 dort wohnt, wurde der Unterhalt der weitläufigen Anlage zu teuer. Der schöne Marstall aus dem 18. Jahrhundert mit seinen 28 großzügigen Pferdeständen und den Schnitzereien von Joseph Anton Feuchtmayer steht ebenso wie das Münster, die historische Schmiede, der Torkel, das Feuerwehrhaus, die Brennerei und das Neue Museum den Besuchern der Anlage auch ohne Führung offen.

ADRESSE: Schloss Salem, 88682 Salem, ➜ *www.salem.de*.
TIPP: Mit dem Tier auf Du und Du – Suchen Sie den direkten Kontakt mit unseren tierischen Vettern auf dem Salemer Affenberg, ➜ *www.affenberg-salem.de*.

08 SINGEN UND DER HOHENTWIEL

„Herrgotts Kegelspiel" mit beeindruckender Festungsruine

Höher geht es nicht mehr. Am Hohentwiel befindet sich auf einer Höhe von 562 Metern das höchstgelegene Weinbaugebiet Deutschlands. Und es ist fürwahr keine säuerliche Beere, die dort heranreift. An bevorzugter Hanglage gedeihen auf dem wärmespeichernden, mineralreichen Vulkanboden sogar hervorragende Weine. Von 1850 bis 1968 war der Hohentwiel württembergische Exklave, wodurch sich die einmalige Situation ergab, dass hier der einzige württembergische Wein mit badischem Gütesiegel erzeugt wurde.

Der Hohentwiel, auf dem es trotz intensiven Schnupperns nicht nach Maggi riecht (wird das unentbehrliche Gewürz doch im Maggiwerk in Singen hergestellt), blickt auf die Stadt Singen herab und ragt mit seinen 686 Metern unmittelbar aus der sanften Hügellandschaft des Hegau hervor, die zum eher gemächlichen Wandern einlädt. Besonders reizvoll ist hier der steile und malerische Hohenkrähen, ein ehemals gefürchtetes Raubritternest.

Der Hohentwiel ist ein Schlottpropfen, das heißt der erodierte Rest eines vor zehn Millionen Jahren ausgebrochenen Vulkans. Die Gegend des Hegau mit den erloschenen Vulkanen, gerne auch „Herrgotts Kegelspiel" genannt, ist uraltes Siedlungsland. Eine solche damals unerklärliche Naturerscheinung wie ein Vulkan hatte immer das Potenzial zum Kultort, und so war der Phonolithkegel Hohentwiel bereits eine frühgeschichtliche Zufluchtsstätte der Menschen, die hier in der Gegend lebten. Südlich von Singen befindet sich ein aus der Hallstattzeit stammendes Grabhügelfeld, dessen Fundstücke im Hegaumuseum angesehen werden können.

Der vulkanische Felsklotz wurde im zehnten Jahrhundert einer der Hauptsitze der schwäbischen Herzöge. In der zweiten Hälfte des 10. Jahrhunderts war die Burg auf dem Berg der Witwensitz der durch Scheffels „Ekkehard" berühmt gewordenen Herzogin Hardwig, der Witwe Herzog Burkhards III.

Nach dem Dreißigjährigen Krieg bis 1801 ein durchaus „standesgemäßer" Straf- und Gefängnisort für prominente Staatsgefangene, krönt den Hohentwiel heute eine der größten Festungsruinen Deutschlands.

ADRESSE: 78224 Singen, ➜ *www.festungsruine-hohentwiel.de*. **TIPP:** Wer den Aufstieg zum Hohentwiel zu Fuß auf sich nimmt, wird mit einem atemberaubenden Ausblick bis zum Bodensee belohnt!

09 BAD SÄCKINGEN

Auf dem „Holzweg" rüber in die Schweiz

Die Stadt und ihr berühmter Musikant: Bad Säckingen ist untrennbar verbunden mit Joseph Victor von Scheffels berühmtem „Trompeter von Säckingen", einem Versepos, in dem sich ein armer Student heftig um ein Schlossfräulein bemüht: „Behüt dich Gott, es wär so schön gewesen" – und sie am Ende erobert.

Dieser Stoff war so recht nach dem Geschmack des romantischen deutschen Gemütes, und so pilgerten Ströme von Touristen nach Säckingen am Hochrhein.

Nach einer wechselhaften Geschichte und verschiedenen Herren, unter anderem dem Herzog von Modena, ist die Inselstadt, die sich seit 1978 mit dem Zusatz „Bad" schmücken darf, heute ein ruhiger, sympathischer Badeort, Gewinner beim Europawettbewerb der „Entente Florale" 2003, und schaut der Schweiz über eine hölzerne Brücke hinweg direkt ins Gesicht.

Die alte, wunderschön gedeckte Passage über den Rhein war irgendwann dem modernen Verkehrsaufkommen nicht mehr gewachsen, und so fahren die Autos seit 1979 über die moderne Fridolinsbrücke. Umso besser. Fußgänger, Radfahrer, Touristen und Schnäppchenjäger von hüben und drüben schlendern nunmehr ungestört über den 200 Meter langen Holzsteg in ein anderes Land – und meistens wieder zurück. Das hat den ganz besonderen Reiz der Langsamkeit. Und vor allem Tradition: Seit dem 13. Jahrhundert ist die Existenz einer Holzbrücke belegt, aber vermutlich gab es hier schon vor 2000 Jahren einen Steg, um den Rhein zu überqueren, wenn auch der archäologische Beweis dafür fehlt.

Zwischen 1570 und 1620 wurde die Holzbrücke mit Steinpfeilern neu geschaffen, jedoch 1633 im Zuge des Dreißigjährigen Krieges zerstört. Eine Fähre übernahm ihre Aufgabe. Endlich, 1699, wurde die heutige Holzbrücke wieder aufgebaut und seither mehrfach renoviert. Auch Scheffel hat auf diese vielleicht längste gedeckte Fußgängerbrücke Europas geschaut, wie die Tafel an einem Haus neben der Brücke verkündet. Noch eine weitere Besonderheit: Der vielbegangene Steg ist wohl die einzige Fußgängerbrücke, die zwei Länder und zwei Zollstationen über einen Fluss hinweg verbindet.

→ *www.feldberg.de.* **TIPP:** Erklimmen Sie den Gipfel morgens bei Sonnenaufgang. Den besten Blick hat man vom Feldbergturm. Den Abstieg sollten Sie am besten vor dem Sonnenuntergang bewältigt haben.

18 SCHLOSS HEITERSHEIM

Sonnenverwöhnte Malteserresidenz

Einen Markt am Montag abhalten? Ist das eine heidnische Sitte im seit steinzeitlicher und keltischer Zeit besiedelten Heitersheim oder eine Tradition, die vom nahen Elsass herübergeschwappt ist? Oder etwa ein heidnisches Relikt aus der Römerzeit? Schließlich siedelten hier bereits die Römer, was durch die „Villa Urbana" am Ortsrand belegt wird. Nichts von alledem, denn die Heitersheimer „Chibi" am ersten Montag nach dem 24. August sowie der „Klausmarkt" am ersten Montag im Dezember gehen zurück auf alte kaiserliche Marktrechte von 1466 beziehungsweise 1481.

Darum ersucht hatten die Johanniter, die seit dem 14. Jahrhundert eine Niederlassung in Heitersheim besaßen. Hier bauten sie sich ein Ordenshaus, an dessen Stelle heute noch das Malteserschloss steht. Malteser nannten sie sich nach einem Ritter, der sich um 1500 in Malta niedergelassen hatte.

1428 wurde Heitersheim Sitz des Großpriors und damit der Hauptverwaltung des Ordens in Deutschland. Seit 1548 nannten sich die Großpriore Reichsfürsten. Nach der Auflösung des Ordens durch die Säkularisation 1806 wurde Heitersheim von Karl Friedrich von Baden zur Stadt erhoben. Die Überreste der großartigen Schlossanlage der Johanniter, im 16. Jahrhundert errichtet, lassen noch den Glanz der einst fürstlichen Residenz erahnen. Deutlich auszumachen sind auch noch die Grundzüge der mittelalterlichen Wasserburg. Erhalten sind auch noch einige Bauten aus dem 16. Jahrhundert und das barocke Kanzleigebäude von 1733. Die Pfarrkirche St. Bartholomäus aus dem frühen 19. Jahrhundert birgt schöne Grabstätten einstiger Großpriore.

Der Heitersheimer Wein, der bei den fürstlichen Festen nicht nur die Mächtigen erfreute, sondern sogar aus einem öffentlichen Weinbrunnen floss und so auch die einfachen Menschen labte, stammt von herausragenden Lagen des ohnehin sonnenverwöhnten Markgräflerlandes.

ADRESSE: Museum im Schloss, Staufener Straße 1, 79423 Heitersheim, → *www.museum-im-schloss.de*. **TIPP:** Das Museum ist zwischen April und Ende Oktober am Mittwoch und an Sonn- und Feiertagen geöffnet. Der Eintritt ist frei.

19 MÜNSTERTAL

Märtyrerstätte in magischer Landschaft

In Schwarzwaldtälern scheint immer die Sonne. Zumindest könnte das restliche Deutschland diesen Eindruck gewinnen, wenn es das Leben und Treiben von Professor Brinkmann in der Schwarzwaldklinik verfolgte.

Zwar heilte Professor Brinkmann nicht im Münstertal, sondern im Glottertal, doch haben die bunten Bilder gewiss dazu beigetragen, dass auch das Münstertal in den Blickpunkt des Tourismus geraten ist. Berge, Schluchten und Talsohlen, herrliche Wanderwege und magische Sonnenuntergänge versprechen einen interessanten und entspannten Urlaub.

Dabei stand am Anfang der Besiedelung des unweit von Bad Krozingen gelegenen Münstertals, das sich in mehrere Seitentäler teilt und von der Fahrstraße hinauf zum Belchen durchschnitten wird, ein eher dunkles Geheimnis, das durchaus Stoff für einen Krimi abgeben würde. Zwischen Blauen und Belchen siedelte sich hier im Jahr 604 n. Chr. der irische Mönch und Missionar Trudpert an. Nach nur drei Jahren wurde der heilige Mann von unzufriedenen Knechten erschlagen. Die mit Quelle und Sarkophag ausgestattete St.-Trudpert-Kapelle befindet sich in der Nähe des Benediktinerklosters St. Trudpert, das den Taleingang beherrscht. Dieses um 800 entstandene Kloster war zwar das erste rechtsrheinische seiner Art, brannte jedoch mehrmals nieder, so dass der heutige Bau aus der Zeit des Barock stammt. Auch im Münstertal erfreut das milde Klima und die gute Luft den Besucher – und das sogar unter der Erde: Ein Seitenstollen des stillgelegten Bergwerks Teufelsgrund beherbergt eine Asthma-Therapie-Station. Das Bienenkundemuseum in Münstertal ist eines der größten seiner Art in Europa.

Die Bauern früherer Jahrhunderte würden sich die Augen reiben, denn es schläft und isst sich hervorragend und manchmal auch sehr gediegen in etlichen der 160 hier ansässigen alten Schwarzwaldhöfe, deren Betreiber heute gut von der Gästebewirtung leben, während die damaligen Vorbesitzer noch mit harter Arbeit an steilen Bergflanken die Ernte eingebracht haben.

ADRESSE: 79244 Münstertal, ➜ *muenstertal-staufen.de.*
TIPP: Das Besuchsbergwerk Teufelsgrund ist vom 1. April bis 31. Oktober geöffnet. Hier kann Bergwerksgeschichte hautnah erlebt und erfahren werden.

20 STAUFEN

Wo Faust zur Hölle fuhr

Dass Staufen rissig wird, daran ist er nicht schuld. Staufens berühmtester Bürger ist kein Geringerer als Doktor Faust, Magier und Zauberer aus Knittlingen, der laut mehrerer Zeugenaussagen im Jahre 1539 in Zimmer fünf des Gasthauses „Zum Löwen" zur Hölle fuhr.

Das Gasthaus, schon seit 1407 urkundlich bekannt, existiert noch immer. Ein bisschen Gänsehaut-Feeling ist da schon erlaubt.

Und dass zahlreiche Häuser in Staufen sich vergrößernde Risse aufweisen, ist auch keine Vision, die der Gast nach einigen Gläschen Kirschwasser hat, welches die Firma Schladerer mitten im Ort produziert und in alle Welt verschickt. Staufen senkt sich tatsächlich, im Ratssaal des Rathauses ist es deutlich zu sehen. Der Grund sind angeblich die Geothermiebohrungen hinter dem Rathaus, mit denen man Erdwärme anzapfen wollte. Die Gipskeuperschicht unter dem Ort ist aufgequollen, und es arbeitet ohne Unterlass im Staufener Untergrund. Ein Unikum vielleicht für Besucher, ein Ärgernis für die Bewohner!

Ansonsten ist Staufen ein überaus reizvoller Ort, in dessen überschaubarem Kern es sich angenehm flanieren und dabei solche Dinge einkaufen lässt, die man eigentlich nicht braucht, die aber Spaß machen. Viele Kunsthandwerker haben ihre Werkstätten in den malerischen Gassen an der einstigen Stadtmauer und laden zur Besichtigung und zu einem Schwätzle ein.

Einige alte Gebäude haben sich in dem Städtchen, das schon Johann Peter Hebel elegisch besang, erhalten – so das Stubenhaus von 1430, der barocke Marktbrunnen mit dem österreichischen und dem staufischen Wappen und das prachtvolle Rathaus aus dem Jahr 1546.

Über allem thront weithin sichtbar die mittelalterliche Burg Staufen, die spektakulär auf einem kegelförmigen Berg liegt, dessen 375 Meter Höhe in einem reizvollen Rebenspaziergang zu erklimmen sind.

Ein Extratipp für Nostalgiker: Das Puppenmuseum auf der Hauptstraße 25, das liebevoll geführt wird, ist mit Bären, Büchern und Puppen aus den Jahren 1750 bis 1950 ein echter Leckerbissen für Leute, die sich an ihre Kindheit erinnern oder diese ihren eigenen Kindern nahebringen wollen.

ADRESSE: 79219 Staufen, ➜ *www.staufen.de.*
TIPP: In Staufen ist eine Station der Münstertal-
bahn, die von Bad Krozingen bis Münstertal fährt.
Eine Fahrt durch die malerische Breisgau-Land-
schaft ist sehr zu empfehlen.

Staufen darf
nicht zerbrechen!

21 TITISEE-NEUSTADT

Durchs Höllental ins Touristenparadies

Lassen Sie sich ja nicht von einem riesigen Hirsch schrecken, der ihnen beim Hochfahren zuschaut. Und auch nicht vom Höllental, das Sie durchfahren müssen. Und dann sind Sie da, am See, und fragen sich: Ist es noch schön oder doch schon ein bisschen zu touristisch? Die Flaniermeile an der Uferpromenade des Titisees ähnelt einer in jenen gewissen Orten in Spanien, die von Bussen angefahren werden, obwohl wir eigentlich alle gar nicht hin wollen: Souvenirstände, Buden, Restaurants, Cafés, Bootsverleihstellen. Es ist Urlaub wie aus dem Katalog, ein bisschen wie früher. Als damals durchaus mondänes Urlaubsziel lockte Titisee-Neustadt schon Anfang des 20. Jahrhunderts Gäste aus ganz Deutschland und aus dem Ausland an. Noch heute können es mehr als 20 000 sein, die sich an manchen Tagen die letzten Plätze in den Gaststätten streitig machen.

Obwohl der bekannteste Natursee des Schwarzwaldes, ist er nicht wirklich groß, der Titisee: nur etwa zwei Kilometer lang und 700 Meter breit. Doch er ist eingebettet in wunderbare Wälder und bietet schöne Spazierwege, auch für gemächlichere Wandertouren. Der römische Feldherr Titus soll an seinen Ufern gelagert und ihm den Namen verliehen haben, so erzählt die Sage. Weshalb auch eines der vielen Ausflugsboote, die auf dem Titisee verkehren, wie eine römische Galeere aussieht. Keine Sage hingegen ist seine Entstehung in einer Mulde des Feldberggletschers, wobei die Moränen aus dem Pleistozän heute seine Ufer bilden. Sein Ausfluss ist die Wutach, die während ihrer Reise von der Quelle zur Mündung ihren Namen zweimal wechselt. Man möchte manchmal die Zeit wie in einem Film zurückspulen: Ins 19. Jahrhundert, als hier oben ein ruhiger Gebirgssee vielleicht ein paar Kindern zum Schwimmen oder Angeln diente. Kindern, die aus den wenigen Gehöften kamen, die am Titisee weit verstreut lagen und „Viertäler" hießen. Manche dieser Kinder sind als Lehrbuben oder Mädel vielleicht in die kleinen Handwerksbetriebe direkt am See gegangen, wo sich Schmiede, Wagner und Schindelmacher angesiedelt hatten. Nach dem Bau der Bahn durchs Höllental mit jenem anfangs erwähnten Hirsch, der über der Schlucht zum Absprung bereit steht, war es langsam aber sicher mit der Ruhe vorbei.

ADRESSE: 79822 Titisee-Neustadt, ➜ *www.titisee-neustadt.de*. **TIPP:** Das Seeufer lädt zu einem ausgedehnten Spaziergang ein. Genießen Sie den Blick über den malerisch daliegenden Schwarzwaldsee.

22 HINTERZARTEN

Höhenluftkurort mit langer Ski-Tradition

Mehrfach prämierter schönster Ort Baden-Württembergs wird man nicht einfach so! Und wenn dieser Ort dann auch noch erholsam ist, dann ist der Name Programm für unaufgeregten Schwarzwaldtourismus. Hinterzarten, das auf einem heiter-sonnigen Hochplateau oberhalb des Höllentals zwischen Höhenmeter 850 und Höhenmeter 1250 nach oben klettert, hat das alles zu bieten. Die gute Luft, das ausgeglichene Klima und die geradezu vorbildliche Schwarzwaldinfrastruktur ziehen hier im Schnittpunkt von Höllental, Titisee und Freiburg schon seit Ende des 19. Jahrhunderts Gäste an, denen der Sinn nach Wandern steht. Rundwanderwege, Halbtagestouren und Ausflüge ins Feldbergwandergebiet bieten sich an, eine solide Gastronomie lädt zum Verweilen ein, das Sommerskispringen ist weithin bekannt.

Aber Hinterzarten hat noch ein paar „Gutsele" mehr zu bieten. Da wäre zunächst das berühmte Hinterzartener Hochmoor, das mit 1500 Metern Länge nicht nur der größte erhaltene Moorkomplex des Schwarzwaldes ist, sondern auch eines der am besten konservierten Hochmoore Mitteleuropas. Der westliche Teil ist durch Wanderwege zugänglich, doch ein Tritt zur Seite könnte gefährlich werden: Angeblich hat das Moor schon Mensch und Tier verschlungen. Geheimnisvoll ist und bleibt es allemal. Skifans kommen in Hinterzarten auf der legendären Adlerschanze auch im Sommer auf ihre Kosten. Nicht nur bei schlechtem Wetter bietet sich ein Besuch im Schwarzwälder Skimuseum an. In dem 300 Jahre alten Hugenhof ist die Geschichte des alpinen Sports dargestellt, der in Deutschland seinen Siegeszug Anfang der 1890er Jahre am Feldberg begann und sich von dort aus schnell in den Mittelgebirgen verbreitete. Filme, Medaillen, alte und neue Skier und Snowbards, Herstellung und Zubehör sind hier zu sehen.Und über allem schwebt sozusagen Georg Thoma, jener Hinterzartener Bub, der für den Skisport das geleistet hat, was Boris Becker für den Tennissport tat. 1960 beendete er bei den Olympischen Spielen in Squaw Valley die Vorherrschaft der Norweger in der Nordischen Kombination und holte sich die Goldmedaille. Eine Sensation – und das aus dem kleinen Schwarzwalddörtchen Hinterzarten irgendwo hinter den sieben Bergen!

ADRESSE: 79856 Hinterzarten, → *www.gemeinde-hinterzarten.de.*
TIPP: Nervenkitzel-Tour: Besuchen Sie die Adlerschanze – und wagen Sie sich danach in das geheimnisvolle Hochmoor. Aber achten Sie auf Ihre Schritte! Wer hier verschwindet, taucht nicht wieder auf …

23 DONAUESCHINGEN

Wo der zweitgrößte Fluss Europas entspringt

Für Liebhaber moderner Klassik ist Donaueschingen ein Mekka, in das sie alljährlich am dritten Oktoberwochenende pilgern, um den Uraufführungen zeitgenössischer Komponisten zu lauschen. Seit 1921 existieren diese Musiktage, bei denen bereits Komponisten wie Alban Berg, Paul Hindemith und Arnold Schönberg zu hören waren. Geschmackssache, sagen Klassikfans, während Romantiker vielleicht eher den Schlossgarten des Schwarzwaldstädtchens aufsuchen. Der gepflegte, im englischen Stil gehaltene Park lädt zum Flanieren ein und wartet mit dem Beweisstück in einem uralten Streit auf.

Wo nämlich entspringt die Donau, jener europäische Fluss, dessen Name mit dem Flussgott Danubius verknüpft ist? Bei Furtwangen unter der Martinsquelle nördlich des 1148 Meter hohen Brends, wo die Breg in Fahrt kommt? Oder hier in Donaueschingen, wo die Brigach ihren Ausgang nimmt? „Brigach und Breg bringen die Donau zuweg", so der Spruch, aber Tatsache ist, dass die Breg doppelt so viel Wasser führt wie die Brigach, die am mündungfernsten ist. Doch die Donaueschinger Schlossquellen-Theorie scheint die Geschichte auf ihrer Seite zu haben. Der römische Dichter Ausonius kündete bereits im vierten Jahrhundert nach Christus von einer Donauquelle vor Ort. Letztere interessierte ihn allerdings weniger als ein hübsches blondes Schwarzwaldmädel namens Bisulla, die ihm bei einem Feldzug gegen die Alemannen als Beute zugefallen war. Für die Donaueschinger ist die Sache jedenfalls klar wie Quellwasser, und sie haben „ihrem" Donau-Ursprung im Schlossgarten ein beeindruckendes Denkmal gesetzt. Eine kreisrunde Karstquelle, schön eingefasst, mit einem Denkmal von Adolf Heer aus dem Jahre 1896, das die Mutter Baar zeigt, welche dem jungen Mädchen Donau den 2840 Kilometer langen Weg gen Osten zum Schwarzen Meer weist. Früher stiegen die Gäste ins kühle Wasser, bevor sie einen Vers ins „Protocollum" eintragen durften, heute landet eine Münze am Boden der klaren Quelle. Und der Spruch „Über dem Meere 678 Meter, bis zum Meere 2840 Kilometer" verortet den Besucher auch ganz ohne Navigationssystem.

ADRESSE: 78166 Donaueschingen, → *www.donau-eschingen.de*. **TIPP:** Wer sich die Zeit nehmen kann, sollte auf dem Donauradweg von Donaueschingen nach Passau oder gleich bis nach Wien fahren.

24 FREIBURG

Wo alle Bächle fließen ...

Eine private Freiburger Internetseite empfiehlt, man möge sich in die guten Restaurants am Münsterplatz setzen und das Markttreiben genießen – und zwar „in den warmen Jahreszeiten". Der Plural lässt stutzen. Andernorts gibt es eine warme Jahreszeit und basta. Freiburg, nur 278 Meter hoch gelegen, von sagenumwobenen murmelnden (Löschwasser)-Bächlein, den Freiburger Bächle, durchflossen, ist nicht nur die südwestlichste badische Großstadt, sondern auch Deutschlands erklärte urbane Sonnenstube. Die grün regierte Stadt mit der beneidenswert hohen Lebensqualität liegt entspannt in der Burgundischen Pforte, und so scheinen vom Rhonetal Zitronen- und Thymiandüfte hinüber auf den Markt vor dem Münster zu wehen. Wochentags bieten 80 bis 100 Stände, samstags sogar 180, eine südlich anmutende Warenvielfalt an. Auf der Nordseite befindet sich der Bauernmarkt mit den Landwirten, Metzgern, Biobauern und Gemüsehändlern der Region, von denen manche schon seit 50 Jahren bei Wind und Wetter ihre Erzeugnisse anbieten – preiswerter als der Discounter. Auf der Südseite hat der Händler- und Kunsthandwerkermarkt neben seinen zahlreichen Produkten auch eine Blumenvielfalt im Angebot, die Touristen grübeln lässt, ob man sie im Auto bis nach Hause retten kann. Über allem thront das Münster. In jedem Reiseführer findet sich das Zitat vom „schönsten Turm der Menschheit" frei nach Jakob Burckhardt aus dem Jahre 1869. Und recht hat der Mann.

116 Meter hoch, filigran und mehrfach kunstvoll durchbrochen, hat der aus rotem Sandstein gebaute Münsterturm alle Kriege überstanden. Das gotische Meisterwerk, das zur Zeit seiner Entstehung zu den höchsten Sakralgebäuden der Welt zählte, war ein Gemeinschaftsprojekt, für das manch Freiburger in der alten Zeit sein Hab und Gut verpfändete. Das Fundament stammt aus dem Jahr 1120. Um 1200 begann man mit dem Bau der Kirche, die über die Jahrhunderte hinweg bis zum Ausgang des Mittelalters immer wieder verändert und erweitert wurde.

ADRESSE: 79098 Freiburg, → *www.freiburg.de*.
TIPP: Im Sommer unbedingt den Biergarten auf dem Schlossberg besuchen! Von hier oben hat man einen beeindruckenden Blick über die Stadt.

25 BREISACH

Krieg und Frieden: Festungsstadt mit langer Geschichte

Bei der Lage ist es kein Wunder, dass der vierzig Meter über dem Fluss thronende Münsterberg von Breisach nachweislich schon seit 1200 vor Christus besiedelt war. Breisach, genannt das „Ruhekissen des Heiligen Römischen Reiches Deutscher Nation", war allerdings nicht immer ruhig, sondern schwankte im Lauf der Geschichte stets zwischen Angriff und Verteidigung. Mal war es französisch, mal Teil Vorderösterreichs. Festungsbauten, Tore und Gräben zeugen von der wechselvollen Geschichte der hübschen Kleinstadt, die immer wieder durch Kriege bis zur Unkenntlichkeit zerstört wurde. So stand im September 1793 kein Geringerer als Napoleon selbst vor ihren Toren und trat – neu in der Geschichte – den traurigen Beweis an, dass man eine Stadt alleine durch Artilleriefeuer zerstören kann. Armes Breisach. Zu exponiert die Lage des Ortes, der unmittelbar am Rhein auf einem vorgeschobenen Basaltklotz, einem Ausläufer des Kaiserstuhls, thront und heute heiter hinüber zum einstigen „Erbfeind" Frankreich blickt.

Eine Tasse Kaffee im Best Western Hotel am Münster wäre kein Fehler. Das Gebäude schmiegt sich wie ein Balkon an den Hang mit Ausblick auf den Rhein und seinen kleinen Ausflugsdampferhafen, auf Rebenhügel und die Landschaft von Kaiserstuhl, Markgräflerland, Breisgau und Elsass. Im Rücken der Schwarzwald, vorn die Vogesen: Dies ist gewiss einer der schönsten Blicke dieser Region. Und drüben liegt das Ausland. Als die Franzosen nach mehrfachem Besitzerwechsel im Frieden von Rastatt 1714 die Stadt Breisach verloren, errichteten sie genau gegenüber die Festung „Neuf Brisach". Für Touristen und Einheimische ist es also nur ein Katzensprung über die Brücke in eine andere Sprache und Kultur.

Nicht versäumen sollte man einen Besuch des mächtigen Münsters, das auf dem Münsterberg hoch über den Dächern Breisachs aufragt und der Stadt eine Art kulturellen Mittelpunkt verleiht. Das prachtvoll gelegene Gotteshaus mit einem gotischen und einem romanischen Turm entstand von 1200 bis 1500.

ADRESSE: 79206 Breisach am Rhein, ➔ *www.breisach.de*.
TIPP: Im Museum im Rheintor tauchen Sie ein in 4000 Jahre Breisacher Geschichte.

26 KAISERSTUHL

Tausend Jahre Wein – Von der Sonne geküsst

Das Kleinstgebirge ist etwas für sinnenfrohe Genießer. Ein Wandergebiet, das man auch nachmittags noch in Angriff nehmen kann; ein mildes Paradies, in dem Orchideen blühen, Kirschen wachsen und Gottesanbeterinnen über den Boden huschen. Das vulkanische Massiv in Hufeisenform mit seinen maximal 557 Metern Höhe, seinen baumlosen Hügeln und seinen 110 Quadratkilometern gilt als die wärmste Region Deutschlands. Seit tausend Jahren baut man dort Wein an, der heute von 5000 Winzern eingebracht wird. Burkheim, Königschaffhausen und Breisach locken mit kleinen Winzerhöfen, mit Kunstgewerbe, mit Stadtmauern und romantischen Blicken über die Rheinebene.

Besonders reizvoll sind die Wanderungen durch die sogenannten Lösshohlwege wie etwa die Eichgasse bei Vogtsburg-Bickensohl. Meterhoch türmt sich die Lössschicht, verdrängt von den verdichteten Böden des Weinanbaus, und hohle Gassen entstehen, die sich zu immer neuen Ausblicken in eine fast mediterrane Landschaft öffnen. Auch für Kinder eine neue Art des Entdeckens und eine spannende Art zu wandern. Der Kaiserstuhl ist ein archäologisches Schatzkästchen, denn hier wurden in der Jungsteinzeit die ersten Südbadener sesshaft. Bei Vogtsburg-Bischoffingen wurde eine 7500 Jahre alte Siedlung ausgegraben: Ein 40 Meter langes Langhaus, einst Wohnort und Lebensmittelpunkt für 12 Personen. Hier haben damals die ersten Breisgauer Bauern gerodet, Getreide angepflanzt und – ihrer künstlerischen Neigung folgend – Bandkeramik hergestellt. Im Nordwesten von Bischoffingen fanden unsere Vorfahren ideale Bedingungen vor: das Klima ist mild, der Südhang gibt Schutz, ein heute verdohlter Bach frisches Wasser. Etwa 50 Jahre blieben sie in einem solchen Dorf, dann zogen sie weiter. Auf dem Fundament jener frühen Siedlung wurden Jahrtausende später in der Bronzezeit und der Eisenzeit weitere Niederlassungen errichtet. Es macht Spaß, die Gegend um Bischoffingen mit den Augen unserer Vorfahren zu betrachten. In gewisser Weise passt die Landschaft mit ihren geologischen Besonderheiten zu dem Wunder der Entwicklung der Sesshaftigkeit.

→ *www.kaiserstuhl.cc.* **TIPP:** Machen Sie eine Weinprobe in einer der zahlreichen Kaiserstühler Winzergenossenschaften.

27 ST. PETER AUF DEM SCHWARZWALD

Benediktinerkloster mit langer Tradition

Selten fügt sich ein Klosterbau mit Kirche so harmonisch in seine natürliche Umgebung ein wie der von St. Peter auf dem Schwarzwald. Die rechteckige Gesamtanlage ruht auf einem Höhenzug des Schwarzwaldes, weithin erkennbar an den Zwiebelhauben ihrer beiden Kirchtürme. Die Silhouette erinnert an die barocken Anlagen von Ebermünster im Elsass und Frauenalb bei Ettlingen im Albtal.

Dass das Kloster überhaupt an dieser Stelle steht, verdankt es einer Stiftung des Zähringers Bertold II. aus dem Jahre 1073, der den Ort als Grablege für seine Familie vorgesehen hatte und dem ersten Abt, Wilhelm von Hirsau, die Seelenruhe seiner Ahnen anvertrauen wollte.

Vier Kirchen gingen dem jetzigen, nach den Plänen von Peter Thumb errichteten Bau voraus. 1724 wurde die letzte Vorgängerkirche abgerissen und die heutige Wandpfeilerkirche in recht kurzer Zeit neu errichtet.

Dabei schuf man die im Barock beliebten lichtdurchfluteten Räume, um ein Stück Himmel auf die Erde zu holen. Eine Besonderheit sind die überlebensgroßen Figuren der Zähringerfürsten in der Kirche sowie die nicht zu übersehenden Grablegen im Chorraum. Das Gotteshaus wird so beinahe zum Fürstensaal. Und wer könnte dann noch daran zweifeln, dass man hier nicht ein Dorfkirchlein betritt, sondern ein fürstliches Hauskloster? Die Altäre schuf Joseph Anton Feuchtmayer. Ebenfalls der Beachtung wert ist die um 1750 entstandene Rokoko-Klosterbibliothek, die nur im Rahmen einer Führung gezeigt wird. Heute ist in St. Peter auf dem Schwarzwald ein namhaftes Priesterseminar untergebracht.

Empfohlen sei als Kontrast zur klerikalen Architektur ein Abstecher in die Einsamkeit. Auch wenn es der Name des Ausgangsortes zunächst anders vermuten lässt: Der vier Kilometer entfernte Parkplatz „Potsdamer Platz" hat herzlich wenig mit seinem Namensvetter in Berlin zu tun. Von ihm aus sind zu Fuß die wildromantischen und noch weitgehend sich selbst überlassenen Zweribachwasserfälle erreichbar.

ADRESSE: Klosterhof, 79271 St. Peter, ➔ *www.st-peter-schwarzwald.de.*
TIPP: Der Hochaltar in der barocken Klosterkirche stammt aus dem Jahr 1727 und zeigt über dem Altartisch ein wechselndes Hauptbild. Über das Kirchenjahr werden acht verschiedene Motive dargestellt.

28 FURTWANGEN

Hier tickt es richtig! An der Deutschen Uhrenstraße

Dem rätselhaften Phänomen Zeit haben die Badener eine eigene Touristenstraße gewidmet. Die 320 Kilometer lange Deutsche Uhrenstraße führt hügelreich von Villingen-Schwenningen über Titisee-Neustadt, St. Märgen, Furtwangen, Schramberg und Rottweil bis nach Bad Dürrheim.

Überall am Wegesrand dieser überaus reizvollen Strecke tickt es und ruft der Kuckuck, denn hier im Schwarzwald haben findige Handwerker erstmals die Kuckucksuhr gebaut, angeblich nach dem Modell eines einfachen Bahnwärterhauses. Uhrmacherwerkstätten, Ateliers und Kunsthandwerker laden den hoffentlich nicht zu hastigen Gast überall ein, die Kunst der Chronometerherstellung kennenzulernen.

Furtwangen, Quellort der Breg, ist das Zentrum der Uhrenindustrie und der Uhrenstraße. Hier, in der höchstgelegenen Stadt Baden-Württembergs, soll angeblich 1640 die erste Uhr „Kuckuck" gerufen haben. 1850 wurde in Furtwangen die Großherzoglich Badische Uhrmacherschule gegründet, und zu Beginn des 19. Jahrhunderts sollen 15 Millionen traditioneller Uhren hier gebaut und in alle Welt verkauft worden sein, bis die Entwicklung der Feinmechanik die Industrie vor neue Herausforderungen stellte.

Im Uhrenmuseum zu Furtwangen, dessen Sammlung seit über 160 Jahren besteht und das wohl die weltweit größte Zahl an Schwarzwalduhren besitzt, kann man sich anhand der 8000 ganz verschiedenen Zeitmesser so seine Gedanken über die Vergänglichkeit machen. Eines gilt für sie alle, für die nostalgische Uhr mit Persil-Logo ebenso wie für die gotische Stuhluhr, die Sonnenuhren, das Astrolabium, die chinesische Feueruhr und die berühmte astronomische Weltzeituhr des Benediktinermönchs Thaddäus Rinderle von 1787: Aufhalten kann man den Lauf der Stunden nicht. Dennoch: Die gute alte Zeit schien gemächlicher zu verrinnen. Erst in der Neuzeit, so lernt der Besucher, gab es den Sekundenzeiger. Vorher reichte es offenbar, zu wissen, wann die volle Stunde geschlagen hatte.

ADRESSE: Gerwigstraße 1, 78120 Furtwangen, → *www.deutsches-uhrenmuseum.de*. **TIPP:** Das Deutsche Uhrenmuseum hat ganzjährig geöffnet. Zu sehen sind über 8000 Uhren – nicht nur aus dem Schwarzwald, sondern aus aller Welt.

29 VILLINGEN

Teil einer baden-württembergischen Vernunftehe

Besonders schön ist Villingen im sanften Dunstschleier eines langsam vergehenden Sommertages. Dann fällt es leicht, die Hochhäuser am Stadtrand auszublenden und die Szenerie der vieltürmigen Silhouette der Stadt vor dem Hintergrund der Wälder, übrigens einem der größten Waldgebiete Deutschlands, auf sich wirken zu lassen. Eingebettet zwischen Schwarzwald und der fruchtbaren Baar, trägt die Stadt seit 1972 in einer badisch-schwäbischen Ehe den Doppelnamen Villingen-Schwenningen.

Auf dem uralten Siedlungsgrund – Funde aus der Hallstattzeit sind im Franziskanermuseum zu sehen – beschlossen die baufreudigen Zähringer 1120 die Neugründung der Stadt. Sie verpassten ihr das typische zum Markt hin geweitete Stadtkreuz mit dem charakteristischen Achsenkreuz der Straßen und begannen mit einem ovalen gemauerten Befestigungsgürtel rund um die Stadt, der bis heute das Gesicht der Altstadt mit ihren erhaltenen Türmen und Toren prägt. Seit einiger Zeit ist das alte Mauerwerk übrigens abends effektvoll mit LED-Lämpchen beleuchtet.

In einem der mächtigen, dem Mauerkranz später hinzugefügten Türme hielt man einst den sogenannten „Villinger Simson" Romäus gefangen. Noch bis vor einigen Jahrzehnten berichtete eine Inschrift am Gemäuer des nach ihm benannten Romäusturmes von den Taten des grobschlächtigen Kämpfers, der Stadttore aus den Angeln riss, Kirchenglocken klaute und sogar aus dem Turm ausbrechen konnte.

Das 1493 erbaute Obertor mit einer imposanten Höhe von 22 Metern ist der alte Zugang zur Stadt. Der 31 Meter hohe Kaiserturm birgt heute auf fünf Stockwerken ein Museum zur hiesigen Wehranlagentechnik. Mit seinem geschlossenen, malerischen Stadtbild trotzt Villingen einer modernen Konformität. Die Brunnen rauschen wie früher, und sind erst die Marktstände abgebaut, so kehrt am Platz vor dem Rathaus und dem Münster „Unserer lieben Frau" die Beschaulichkeit früherer Kleinstadttage ein.

ADRESSE: 78050 Villingen, ➜ *www.villingen-schwenningen.de.*
TIPP: Ein Besuch des Franziskanermuseums Villingen wird mit tiefen Einblicken in die Geschichte des Schwarzwaldes belohnt – von den Anfängen bis zur Gegenwart.

30 WALDKIRCH

Schwarzwaldperle am Fuße des Kandel

Hört man den Ortsnamen Waldkirch, so kommen Kindheitserinnerungen an die gute alte Kirmes auf. Tatsächlich stand auf mancher Schiffsschaukel „Waldkirch" als Herkunftsort. Viele Jahre hat man sich hier dem Bau von Fahrgeschäften für Jahrmärkte gewidmet; auch die Familie Mack, die heute den Europa-Park betreibt, stammt aus dieser Tradition. Im 19. Jahrhundert war Waldkirch berühmter als Freiburg, damals allerdings wegen seiner bedeutenden Orgelbautradition. Seit sich im Jahre 1800 der geniale Orgelbauer Mathias Martin den kleinen Ort als Wirkungsstätte ausgesucht hatte, galt Waldkirch als die bedeutendste Orgelbaustadt der Welt. Trotz der Verwendung modernster Elektronik ist das Handwerk hier auch heute nicht ausgestorben. In den ansässigen Betrieben widmet man sich noch immer dem Instrument Orgel, wenn auch häufig in Form von Restaurationen.

Waldkirch ist aber auch ein gern besuchter Kurort. Im Jahre 1300 wurde es zur Stadt, fiel es an Österreich, in dessen Besitz es mit Unterbrechungen blieb, bis 1803 die bis heute andauernde badische Zeit anbrach. Apropos Zeit. Die vergeht langsam in Waldkirch – und das ist gut so. Die Stadt, von deren mittelalterlichen Befestigungsanlagen leider nicht mehr viel zu sehen ist, wurde mehrfach für ihre Bemühungen im Bereich sanfter, entschleunigter Tourismus ausgezeichnet. Unter anderem kann sich der Gast bei einem Besuch auf der Ruine der von den Schwarzenbergern erbauten Kastelburg westlich des Altstadtkerns entspannen und sich in die Zeit des mittelalterlichen Burgenbaus hineinversetzen.

Erholsam sind auch die zahlreichen Wanderwege zum und rund um den Kandel, der mit seinen 1243 Metern der höchste Berg des Mittleren Schwarzwaldes ist. Auf seiner Spitze sind eine Pyramide und eine Aussichtsplattform aus dem 19. Jahrhundert gebaut worden. Lange Schneeperioden machen den Kandel bei Wintersportlern beliebt, eine grandiose Aussicht und eine zünftige Einkehr im Gasthaus auf dem Gipfel sind garantiert. Der in älteren Reiseführern noch erwähnte und bei Wanderern gefürchtete Kandelfelsen ist nur als Rudiment zu bestaunen – er fiel 1982 in sich zusammen.

ADRESSE: 79183 Waldkirch, ➔ *www.stadt-waldkirch.de.*
TIPP: Unweit von Waldkirch liegt das Silberbergwerk Suggental. Eine fachmännische Führung führt tief hinein in die Stollen und vermittelt auf eindrucksvolle Weise, wie hier in früheren Zeiten Silbererz abgebaut wurde.

31 VOGTSBAUERNHOF

So lebte man damals im Schwarzwald

Eigentlich waren das einst doch mal ganz normale Alltagsfreuden: Sackhüpfen irgendwo auf der Wiese. Riesenkürbisse einschneiden. Echte Hasenkinder bewundern. Selbstgepressten Most trinken. Vogelscheuchen basteln oder Strohmännchen kleben und leckere Kürbissuppe kosten. Papa probiert den Schnaps, Mama nascht vom selbstgebackenen Brot. Tiefe Dächer, Kopf einziehen, wenn man in die Stube geht, Bänke vorm Haus, wo der Opa Figuren und Stöcke schnitzt. Ein Idyll aus dem Lesebuch von früher. Für viele Familien sind das alles heute lediglich museale Dinge, und so gibt es eben auch das passende Museum zur Nostalgie: Das Schwarzwälder Freilichtmuseum Vogtsbauernhof zwischen Hausach und Gutach.

Keimzelle des idyllischen Kunstdörfchens ist der Vogtsbauernhof aus dem Jahr 1612, der auch tatsächlich an dieser Stelle stand. In den 350 Jahren, in denen der Hof bewohnt war, haben viele Generationen, beginnend mit Erbauer Theiß Moser, in diesem Haus gelebt, gelacht, geweint – und sind gestorben. Für jeden von ihnen leuchtet ein Licht auf dem Heuboden. Die Bauernhäuser, die es auf dem weitläufigen Areal zu sehen gibt, sind ursprünglich an anderen Orten ab- und hier wieder aufgebaut worden. Im Hotzenwaldhaus aus dem Jahre 1756 wird Schwarzwälder Textilkunst gezeigt, da macht man sich so seine Gedanken über H&M und den Wert der Dinge. Der Falkenhof stammt aus dem Jahre 1737 und gibt einen Einblick in die Vieh- und Milchwirtschaft der guten alten Zeit. Schnitzkunst gibt's im Schauinslandhaus, das 1730 in stolzen 1100 Metern Höhe errichtet wurde.

Das älteste Haus wurde 1599 erbaut und stammt ursprünglich aus Furtwangen-Katzensteig. In seinen Räumen werden Uhren und Trachten gezeigt, und wer sich für Glasbläserei interessiert, sollte den Lorenzenhof aus dem Kinzigtal aufsuchen, der immerhin auch schon 1608 entstanden ist. Mühle, Scheunen, Ställe, ein Kirchlein, ein Leibgedinghaus und viele weitere Attraktionen sind hier zu sehen. Fertig ist die gute alte Zeit im Schwarzwald, in der es bestimmt noch keinen Kiosk mit Cola gab, an dem man sich – wie heute – erfrischen kann.

ADRESSE: 77793 Gutach, ➜ *www.vogtsbauernhof.de.*
TIPP: Für die kleinen Gäste gibt es einen attraktiven Erlebnisspielplatz mit Kletterfelsen, Flößen, Hängebrücke und einer eigens angelegten Hügel- und Wasserlandschaft.

32 EMMENDINGEN

Barocke Stadt mit Affinität zur Literatur

Ob sie durch die Straßen gewandelt ist und das barocke Stadtbild bewundert hat? Durch das dreiteilige Stadttor gegangen ist, das Wahrzeichen von Emmendingen, wo heute neben dem großen Torbogen die Autos durch die Durchfahrt brausen? Nein, diese Durchfahrt kann sie nicht gekannt haben, denn die entstand erst 1929. Gefiel es ihr in Emmendingen, damals, als die Gassen und Plätze noch nicht so hübsch restauriert waren und zum Kaffee trinken und Flanieren einluden? Sie mag andere Sorgen gehabt haben.

Die Rede ist von Cornelia Schlosser, Goethes unglücklicher Schwester, die hier nach der Geburt ihrer zweiten Tochter gestorben ist und auf dem Emmendinger Friedhof begraben liegt. Die ursprüngliche Grabplatte ist zwar durch eine neue ersetzt worden, doch von der alten existieren noch Fotos. Besucht hat der Dichterfürst seine Schwester mehrmals, eine Gedenktafel erinnert daran.

Traurig ist es allemal, dass die hochbegabte Frau zu ihrer Zeit keine Chance hatte. Der Dichter des Sturm und Drang Jacob Michael Reinhold Lenz, der sie verehrte, war tief getroffen von ihrem Tod. Seine Schwermut wurde unheilbar – und gab der Literaturwissenschaft eine harte Nuss zu knacken, die vermutlich unzählige Seminararbeiten angefeuert hat. All diese Emotionen wurden in Emmendingen erlitten, einer alten Stadt, die 1590 zur Residenz des Markgrafen Jakob III. von Baden-Hachberg wurde, von dem sie auch das Stadtrecht erhielt. Ein Tor zum Schwarzwald und zum Kaiserstuhl.

Emmendingen hat seit 1998 zumindest eine Institution, die einmalig ist und auf den literaturbewahrenden Charakter der Stadt hindeutet: das Deutsche Tagebucharchiv. Im alten Rathaus untergebracht, sammelt diese Stelle das, was andere Leute zu Papier bringen, um sich an ihr Leben zu erinnern. Tagebücher, Erinnerungen, Briefe. Das älteste Tagebuch der Sammlung stammt aus dem Jahr 1760. Christoph Bohnenberger hat einen württembergischen Schreibkalender benutzt, um seine Buchhaltung sowie kleine Gedankenschnipsel festzuhalten. Das jüngste Tagebuch ... nun, das entsteht jeden Tag neu. Kaum geschrieben, werden manche „geheimen" Gedanken schon im Archiv abgegeben und somit öffentlich.

ADRESSE: 79312 Emmendingen, ➜ *www.emmendingen.de.*
TIPP: Zwischen Emmendingen und Sexau liegt die Hochburg, eine Burgruine aus dem 11. Jahrhundert. Ein Abstecher lohnt sich!

33 TRIBERGER WASSERFÄLLE

Schäumendes Schauspiel der Superlative

Der Schwarzwald ist reich an imposanten Wasserfällen, und heute sind diese Naturschauspiele bestens ausgeschilderte Touristenmagneten.

Der Star unter ihnen: Die höchsten deutschen Wasserfälle in Triberg. Zu früheren Zeiten hatten die Flößer im Schwarzwald allerdings vermutlich keinen Blick für ihre Schönheit und auch keinen Sinn dafür, dass die ionisierte Luft der Triberger Wasserfälle gut für die Atemwege ist. Davon wussten sie nichts, sondern sie mögen das herabstürzende Nass eher als schwer zu überwindendes Hindernis in einer ohnehin rauen Gegend verflucht haben. Ihre Entstehung verdanken die über sieben Stufen herabstürzenden Wassermassen der Tektonik beziehungsweise den Verschiebungen der Erdkruste. Faszinierend sind die Steinformationen, über die das Wasser – vor allem im Frühjahr nach der Schneeschmelze – wild schäumend ins Tal tobt.

Die Gutach stürzt aus einer Gesamthöhe von 163 Metern in sieben Kaskaden über Granitgestein herab, umgeben von feinen Nebeltröpfchen. Der Besucher kann unter drei Wanderpfaden wählen: dem Naturweg, dem Kaskadenweg und dem Kulturweg. Alle drei bieten unterschiedliche Eindrücke von der Tierwelt und dem Pflanzenreichtum an beiden Seiten des Baches, der von der Hauptstraße des Ortes Triberg gut zu erreichen ist. Besonders nach starkem Regen bieten die Wasserfälle ein Schauspiel, das man getrost „Klein Niagara" nennen könnte. Vor allem im Winter oder abends bei der bis um 22 Uhr eingeschalteten Beleuchtung bieten die Wasserfälle ein grandioses Bild. Einen schönen „Nebeneffekt" haben die Triberger Wasserfälle: Ihre Wasserkraft kann genutzt werden.

Triberg war der erste Ort in Deutschland mit elektrischer Straßenbeleuchtung – dank der Wasserfälle, die den hierzu nötigen Strom erzeugten.

ADRESSE: 78098 Triberg, ➜ *www.triberg.de.* **TIPP:** Der Schwarz-waldbahn-Erlebnispfad führt die Wanderer auf eine Panoramatour mit herrlichen Aussichten. Man wird dabei in die Geschichte der Schwarzwaldbahn eingeführt.

34 ETTENHEIM

Das Tor zum Münstertal

In Zeiten der möglichst schnellen Erreichbarkeit kann es ein Nachteil sein, wenn ein Ort keinen direkten Anschluss an die Rheintalbahn hat und auch nicht direkt an einer Autobahn oder Bundesstraße liegt. Doch für Ettenheim und seine liebliche Umgebung, die zu ausgedehnten Spaziergängen einlädt, lohnt sich der kleine Abstecher allemal. Die beschauliche Kleinstadt, die am Eingang des Münstertales in den mittleren Schwarzwald liegt, empfängt den Gast mit einem geschlossenen barocken Stadtbild, das Folge eines großen Unglücks war: Nachdem das Örtchen seit seiner Gründung durch den alemannischen Herzog Ettiko II. schon jahrhundertelang zwischen fürstbischöflichen Interessenkonflikten aufgerieben wurde, wurde es in der Schlacht bei Ettenheim im Dreißigjährigen Krieg völlig zerstört. Der Wiederaufbau gelang perfekt; die Stadt steht heute zu Recht unter Denkmalschutz. Mit den zwei barocken Stadttoren, den vielen alten Häusern, an die sich historische Episoden knüpfen, den idyllischen Plätzen, Treppenaufgängen, Winkeln und Brunnen ist Ettenheim ein typischer Ort zum Flanieren, zumal man bei der Auswahl der hier ansässigen Läden eine glückliche Hand bewiesen hat und mehr Kunst als Kitsch in den Schaufenstern steht.

Im Palais Rohan, in dem heute der Gemeinderat tagt, residierte der gleichnamige letzte Fürstbischof von Straßburg, der 1790 vom revolutionären Frankreich aus hierher übersiedelte und dessen Namen mit der berühmten Halsbandaffäre verknüpft ist, in die auch Marie Antoinette verwickelt war. Ein trauriges Ereignis verbindet sich mit Ettenheim: Im Gartenhaus der Familie Ichtratzheim, auch Prinzenschlössle genannt, wurde 1804 der jüngste Spross des Bourbonengeschlechts, der Herzog von Enghien, von Napoleons Leuten gefangen genommen und später in Vincennes hingerichtet. Ein Völkerrechtsbruch, der dem friedlichen Städtchen einen unschönen Weltruhm bescherte.

Ein Ausflug durch das Münstertal ist zu empfehlen, über den Ort Münchweier nach Ettenheimmünster mit dem Kloster St. Landolin im Tal.

ADRESSE: 77955 Ettenheim, → *www.ettenheim.de*. **TIPP:** Zwischen Mai und Juli findet der Ettenheimer Musiksommer mit vielen Kammer- und Vokalmusikaufführungen statt.

35 EUROPA-PARK RUST

Erlebnisparadies für Jung und Alt

Wäre das echte Europa so gut organisiert wie das in Rust, bräuchte man keine Krisengipfel abzuhalten. Und man würde Flugbenzin sparen, denn wo kann man an ein und demselben Tag auf einer Liege stressfrei klassischer Musik lauschen – rund um das schöne Schloss Balthasar aus dem Jahr 1442, der Keimzelle des 85 Hektar großen Parks –, kurz darauf Tzatziki in einem griechischen Innenhof essen, sich unter dem Eiffelturm küssen, durchs Wallis mit seinen typischen kleinen Holzhäusern und Brücken streifen oder Pizza in einem italienischen Patio genießen? Wie sah das Weimar aus, als Goethe und Schiller dort lustwandelten und dichteten? Alles nur nachgestellt. Doch in Rust bekommt man zumindest eine Vorstellung davon.

Gesamteuropäisches Amusement auf kleinstem Raum. Schweizerischer als die Schweiz selbst. Das Globe Theatre sieht aus, als habe es Shakespeare gerade verlassen, um ein Ale im Pub nebenan zu trinken. Das alte Berlin erleben und die deutsche Allee entlang spazieren. Mit einem holländischen Boot über einen See an einer Pirateninsel entlang schippern.

Der Europa-Park Rust ist einer der größten Freizeitparks Deutschlands und eine echte Attraktion, keinesfalls nur für Badener, wie die Autokennzeichen auf dem bestens organisierten Parkplatz beweisen. Tage könnte man darin verbringen. Die halsbrecherisch aussehenden Achterbahnen Silver Star und Blue Fire fahren, der Maskottchenparade zusehen, Candy essen. Mit dem Matterhorn-Blitz rasen, Wildwasserbahn fahren – auf der vier Millionen Liter Wasser in der Stunde durchfließen – oder einfach nur auf dem Zauberteppich rutschen. Der Rustbesucher kann sich in allen Elementen fortbewegen: auf Schienen, auf Gleisen, in Booten. Und in sich drehenden holländischen Kaffeetassen. Übernachten kann der Gast in einem der Themenhotels des Parks, allen voran dem luxuriösen Colosseo, in dem es abends Shows gibt und wo man bei Wellness in einem römischen Luxustempel die wundgelaufenen Knochen wieder entspannen kann.

ADRESSE: Europa-Park-Straße 2, 77977 Rust,
→ *www.europapark.de.* **TIPP:** Ab 2014 entführt
der Europa-Park seine Besucher in die Welt des
Kino-Blockbusters „Arthur und die Minimoys".

36 TAUBERGIESSEN

Wo die Natur sich selbst überlassen ist

Willkommen dort, wo sich die Knoblauchkröte so richtig wohlfühlt! Segensreich für Handel und Wandel, für die Schifffahrt und gegen dauernde Überschwemmungen mag das Rheinbegradigungswerk des Tulla ja gewesen sein, doch die Romantik ist dabei auf der Strecke geblieben.

Ein stiller Zauber geht im Taubergießen von den friedlichen Gewässern aus, die ein Bild davon vermitteln, wie das Rheintal wohl einst neben dem unreglementierten, dem ungezähmten Rheinbett aussah. Lianen, Pappeln, Weiden, Schilfinseln, hier und dort abgestorbene Bäume und morastige, stille Gewässer, die auch wegen des treibhausähnlichen Klimas ein wenig an Louisiana erinnern. Hier findet man ein dschungelartiges Paradies, wo Vögel und Insekten sich in den Auwäldern verstecken können. Ein einzigartiges Biotop, in dem es zwitschert, ruft, quakt und summt. Zahlreiche Orchideengewächse, Frösche, Molche, Kröten, fast 300 Arten von Nachtschmetterlingen, Marder, Siebenschläfer, Wildschweine und Rehe üben sich hier im Zusammenleben und finden im Bannwald Unterschlupf. Und der Mensch soll nicht stören. Nur mit stillen Booten und einem ortskundigen Führer darf das Gebiet befahren werden. Es handelt sich eben um einen wichtigen Schutzraum für seltene Tier-und Pflanzenarten, für pfeilschnelle Libellen und für den scheuen Eisvogel. Da es auch sehr zahlreiche Fischarten im Taubergießen gibt, fühlen sich dort Angler gefordert. Besonders romantisch ist der Anblick der seltenen Fischer, die noch auf ihren Waidlingen auf dem Altrhein fahren, um die Reusen, Stellnetze und Zuggarne auszulegen. Was früher ein Beruf war, kommt heute mehr als Hobby daher, denn vom Fischfang kann hier keiner mehr leben. Der Fischreichtum ist zurückgegangen, wenn auch Versuche, das Fischsterben einzudämmen, unternommen wurden und teilweise gelungen sind.

Auf den Märkten in Straßburg und der Ortenau waren und sind die Fische aus dem Rhein begehrt, denn hier sind die Feinschmeckerrestaurants Kunden. Ansonsten schätzt man die Ruhe im Taubergießen. Behutsamer Tourismus wird hier groß geschrieben.

→ *www.taubergiessen.com*. **TIPP:** Neben einer Wanderung sollte man unbedingt auch eine Bootsfahrt durch das Naturschutzgebiet unternehmen. Informationen gibt es bei der Tourist-Information Rust.

37 LAHR/SCHWARZWALD

Geburtsstadt des Hinkenden Boten

Lahr war eine Zeitlang in einigen Gegenden der USA möglicherweise bekannter als in Deutschland. Hier nämlich, im Gasthaus zum „Goldenen Löwen" unweit des Rathauses, war ein fiktives Streitgespräch zwischen den Stammtischteilnehmern Bürgermeister, Bachhuber, Wirt und dem Hinkenden Boten verortet, das zum Kernstück des Jahreskalenders „Lahrer Hinkender Bote" gehörte. Dieser 1801 erstmals erschienene Kalender, gedruckter Nachkomme der Stiefelwichser, Scherenschleifer, Bänkelsänger und Moritatensänger, war ein beliebtes Mittel der Kommunikation zwischen den entlegenen Orten des Schwarzwaldes und erreichte im Jahre 1902 die sagenhafte Zahl von einer Million Exemplaren; viele davon fanden sich im Gepäck der Auswanderer in die Neue Welt. Noch heute gibt es den „Boten" zu kaufen, der gerne als Geschenk mit Tradition dient, und es existiert auch noch die Gaststube, in der die legendären Gespräche angeblich stattgefunden haben sollen.

Lahr war nicht immer badisch, sondern befand sich lange in nassauischem Besitz. Erst 1803 hatte das Inseldasein ein Ende und die Stadt fiel an das Großherzogtum Baden. Während der beiden Weltkriege war Lahr Garnisonsstadt und wurde nach 1969 zum europäischen Hauptquartier der kanadischen NATO-Streitkräfte. Für die kanadischen Soldaten war Lahr oft das erste, was sie von Deutschland sahen. Ob sie, frisch am Flughafen angekommen, einen Blick für das schöne Renaissance-Rathaus hatten, darf bezweifelt werden, doch haben sie bestimmt mit der Zeit schätzen gelernt, dass sie in einem hübschen Weinbaustädtchen am Ausgang des Schuttertales zwischen Bergen, Wäldern und Gärten gelandet waren.

Sehenswert ist auch der Storchenturm, der Rest einer mächtigen spätstaufischen Burganlage aus dem 13. Jahrhundert und das heutige Wahrzeichen der Stadt Lahr. Einst waren die Türme zu viert und bewachten eine quadratische Anlage, in deren Zentrum ein Bergfried aufragte. Im Zuge des Holländischen Krieges fiel im Jahr 1677 die gesamte Wehranlage den Franzosen zum Opfer, nur der Storchenturm überlebte.

ADRESSE: 77933 Lahr, → *www.lahr.de.*
TIPP: Im 4,5 Hektar großen Stadtpark Lahr, der grünen Lunge der Stadt, gibt es über 250 Rosensorten zu bestaunen.

38 ZELL AM HARMERSBACH

Schnaps und Speck für den Feind

Wir kennen sie seit Kinderzeiten: Die unverwüstlichen, fröhlich-bunten Teller und Tassen mit dem Hahn und der Henne. Gefertigt werden sie in der Zeller Keramik Manufaktur, ansässig in Zell am Harmersbach. Im zugehörigen Museum kann man sich über die 100-jährige Tradition der Manufaktur informieren und sogar selbst zum Pinsel greifen, um dem Hahn den Kamm aufzusetzen.

Die einst kleinste Reichsstadt des Heiligen Römischen Reiches Deutscher Nation hatte sich schon seit 1230 mit Bergbau und Hüttenwesen einen bescheidenen Wohlstand erarbeitet und auch eine Stadtmauer erbaut, jedoch eine ungewöhnlich pazifistische Einstellung gegenüber heranrückenden feindlichen Truppen an den Tag gelegt: Kamen Angreifer auf den Ort zu, schickte man einen Unterhändler und bat um eine Schutzwache, die mit Goldmünzen bezahlt wurde. Darüber hinaus bewirtete man die Gegner mit Naturalien, wobei vor allem der Schwarzwälder Speck mit selbstgebranntem Kirschwasser für Frieden gesorgt haben soll. Ein Rezept, das bis heute wirkt, denn das Städtchen mit den denkmalgeschützten Jugendstilhäuschen und Fachwerkfassaden bietet gemütliche badische Gastlichkeit. Zell wuchert mit seinen heimeligen Pfunden wie der in Teilen restaurierten Stadtmauer sowie dem Storchenturm aus dem Jahre 1465, in dem sich heute ein vierstöckiges Heimatmuseum befindet.

Eine groteske Fehde verband Zell mit der Nachbargemeinde, der „freien Bauernrepublik Harmersbach", die sich eine den Schweizer Kantonen nachempfundene Selbstverwaltung gegeben hatte und vom Reichskammergericht zum „Reichstal" erklärt wurde. Nur ausschenken durften sie nicht. Als sie 1709 doch ein Gasthaus eröffneten, klagten die Zeller in einem zehn Jahre währenden Streit dagegen, den am Ende die Harmersbacher gewannen. 1718 wurde ihnen die Reichsunmittelbarkeit als „freies Reichstal" offiziell bestätigt. Erst 1803 machte Napoleon dem Spuk ein Ende und verleibte den Ministaat dem späteren Großherzogtum Baden ein.

ADRESSE: 77736 Zell am Harmersbach, → *www.zell.de*. **TIPP:** Seit über 200 Jahren wird in Zell Keramikgeschirr hergestellt. Das Keramik-Museum in der Hauptstraße 2 zeigt besonders schöne Exponate – vom Jugendstil bis heute.

39 GENGENBACH

Schwarzwaldstadt mit Hollywood-Erfahrung

Eines haben das bezaubernde, malerische Städtchen Gengenbach, entstanden aus einer mittelalterlichen Klostersiedlung, und die rheinische Metropole Düsseldorf gemeinsam: Beide tauchen in dem Film „Charlie und die Schokoladenfabrik" mit Johnny Depp und Christopher Lee auf. Gengenbach als Kulisse für das fantastische Kinomärchen, seltsamerweise aber „Dusseldorf Germany" im Abspann. Dumm gelaufen. Es war allerdings nicht das erste Mal, dass Gengenbach mit Kopfsteinpflaster, Rathaus, Türmen und Patrizierhäusern den Hintergrund für einen Film abgab. Auch die „Powenzbande" wurde hier gedreht und schickte die Stadt für die Dauer der Dreharbeiten in die Zeit vor der Erfindung von Antenne und Digitaluhr zurück – alles Moderne musste verschwinden. Kein Problem für Gengenbach, denn die einstige freie Reichsstadt (1366 bis 1803) wartet auch für Normalbesucher mit jeder Menge historischer Fotomotive auf.

Begeisterung weckt neben dem Rathaus, dem Färberhaus, dem steinernen Giebelhaus Pfaff, der Stadtpfarrkirche St. Marien und dem Kinzigtorturm mit der alten Feuerglocke von 1221 vor allem das Fachwerkparadies in der Engel- und Höllengasse. Die Fundamente der eingeschossigen, blumengeschmückten Reihenhäuschen, die so gar nichts von der Tristesse ihrer heutigen Nachfolger haben, sind auf den Resten der ehemaligen Stadtmauer errichtet.

Vor allem in der Adventszeit ist die Stadt einzigartig: Das Rathaus mit seinen 24 Fenstern verwandelt sich jeden Abend um 18 Uhr in das größte Adventskalenderhaus der Welt, wenn die klassizistische Fassade zum Leben erwacht und sich täglich eines ihrer 24 Fenster öffnet. Nach und nach erscheinen so 24 märchenhaft-künstlerische Motive, farbenprächtig und musikalisch untermalt, hinter den Fenstern – und das seit 16 Jahren. Geduld ist also angesagt, bis das letzte Fenster am 24. Dezember erstrahlt. Keine Geringeren als Marc Chagall, Tomi Ungerer oder Otmar Alt haben bei der Gestaltung der Fenster zumindest mit ihren Motiven Pate gestanden.

ADRESSE: 77723 Gengenbach, ➜ *www.gengenbach.de.*
TIPP: Besuchen Sie Gengenbach während der Fasnet! Sie
werden dieses Erlebnis sicher nicht so schnell vergessen!

40 ORTENBERG

Eine Burg von Weinbergen umgeben

In Baden begegnen sich das Heute und das Gestern auf's Schönste, und besonders eindrucksvoll zeigt sich dies im Schloss Ortenberg. Das imponierend auf einer Granitsteinnase gelegene Schloss beherbergt heute eine der schönsten Jugendherbergen Deutschlands. Die jungen Gäste aus aller Welt schlafen tief und fest in dem mächtigen Traditionsgemäuer, dessen Ursprünge bis ins 11. Jahrhundert zurückgehen, das aber trotzdem so gar kein Spukschloss sein will.

Wahrscheinlich von den Zähringern wurde die einstige Burg zur Sicherung des Kinzigtaleingangs erbaut. Wie damals üblich, wechselte sie mehrfach den Besitzer. Den Zähringern folgten die Staufer als Burgherren und im 13. Jahrhundert fiel das Gebäude an den Bischof von Straßburg. Der Reichsadler im Siegel der Gemeinde Ortenberg erinnert daran, dass die Burg darüber hinaus jahrhundertelang der Sitz der habsburgischen Landvögte der Ortenau war. Im Zuge des Holländischen Krieges wurde die einstige Burg 1678 von den Franzosen geschleift; 160 Jahre später baute der Kaufmann Gabriel Leonhard von Berckholtz auf ihrer Ruine das heutige Schloss.

Doch all das scheinen Geschichten aus einer „nahen" Vergangenheit, betrachtet man dagegen den geheimnisvollen Menhir, der sich nur wenige Gehminuten entfernt oberhalb des Schlosses in die Reben schmiegt und an eine Zeit mahnt, die wesentlich länger zurückliegt. Der sagenumwobene „Bibelistein" oder „Gluggelistein" ist eine etwa zwei Meter hohe Steinsäule, die wahrscheinlich vor etwa 4000 Jahren von einem im Oberrheingebiet ansässigen Volk errichtet wurde. Dies ist also uraltes Siedlungsgebiet.

Reste einer keltischen Befestigungsanlage aus der Hallstatt-Zeit dienten später nachweislich den Alemannen als Stützpunkt, um den Zugang zum Schwarzwald zu sichern.

ADRESSE: 77799 Ortenberg, → *www.ortenberg.de*. **TIPP:** Günstig übernachten lässt es sich in der Jugendherberge im Schloss. Ganz besonders dann, wenn man dem badischen Wein zu stark zugesprochen hat. → *www.ortenberg.jugendherberge-bw.de*

41 KLOSTER ALLERHEILIGEN

Klösterliche Ruhe und tosendes Nass

Es gibt Orte, die einen wünschen lassen, man wäre ein Maler. Und es gibt Orte, die einen nachdenken lassen. Still werden lassen. Die Klosterruine Allerheiligen ist solch ein Ort. Romantisch im Kessel eines Seitentals der Rench, oberhalb der nahen Lierbachwasserfälle, ragt das Überbleibsel des einstigen Prämonstratenserklosters malerisch als Zeuge einer vergangenen Zeit hervor. Gestiftet wurde es von Herzogin Uta von Schauenburg, gegründet um 1195, zur Wallfahrtsstätte wurde es im späten 13. Jahrhundert, nachdem der Kirchenbau begonnen worden war. Das Stift erlebte seine Blütezeit nach der Reformation und wurde im 17. Jahrhundert gar zur Abtei.

Doch viel ist nicht geblieben vom einstigen Kloster des strenggläubigen Ordens, das eines der wichtigsten Zeugnisse der Gotik am Oberrhein darstellt. Brände, Blitzschlag, der in der Region verheerende Dreißigjährige Krieg und natürlich auch raue Winde und Schwarzwaldwetter haben den alten Klostermauern zugesetzt. Die Säkularisation bedeutete schließlich das Aus für das Kloster. Die Chorherren verließen den Wallfahrtsort, ab 1819 wurden Klausur und Kirche zum Abriss freigegeben.

Gäbe es die Büttensteiner Wasserfälle nicht, so wäre nichts geblieben. Der Waldhüter und spätere Gastwirt Mittenmeier war es, der ab 1840 das Naturschauspiel um die 100 Meter herabstürzenden Wassermassen touristisch zu erschließen begann, nachdem es jahrhundertelang unzugänglich gewesen war. Brückchen und steile Treppen führen nunmehr hinab ins Tal. Touristen lieben Wasserfälle, und so zogen die „Büttenschroffen" bald unweigerlich Massen von Urlaubern an. Erste Instandsetzungs- und Restaurierungsarbeiten an der Klosteranlage begannen 1845, denn Wasserfall und Klosterruine zusammen boten jenen romantischen Gesamtanblick, der im 19. Jahrhundert so beliebt war. Noch heute ziehen die gotische Kirchenruine, die Reste der barocken Gartengestaltung und die Steinwege, hinter denen man die Grundrisse von Klosterküche und Abtswohnung erahnen kann, jede Menge Touristen an.

ADRESSE: Allerheiligen 6, 77728 Oppenau-Lierbach, → *www.klosterhof-allerheiligen.de.* **TIPP:** Eine original Schwarzwälder Kirschtorte im Kloster-Gasthaus genießen!

42 OFFENBURG

Die badische Medienstadt – Burda-City

Offenburg! Burda-City! Der Schluss liegt nahe, doch Offenburg ist mehr. Die etwa 60 000 Einwohner zählende Zähringergründung – hartnäckige Legenden allerdings wollen noch immer den englischen König Otto im 6. Jahrhundert als Gründer ausmachen – ist die inoffizielle Hauptstadt der Ortenau und eine rührige Messestadt. Gut besucht ist alljährlich die Oberrheinmesse sowie der traditionsreiche Offenburger Weinmarkt, bei dem Kenner und Genießer alles an Edlem vorfinden, was badische Winzer hervorbringen. Und das ist eine Menge! Im Pfälzischen Erbfolgekrieg wurde die Stadt, deren Grundriss an den von Straßburg erinnert, vollkommen zerstört; nur das ehemalige Kapuzinerkloster mit seinem herrlichen Kreuzgang im Süden der Altstadt blieb stehen.

Im Barockstil wurde der wichtige „Verkehrsknotenpunkt" neu erbaut – es entstand eine behagliche und von Gewerbefleiß geprägte Stadt mit schönen klassizistischen und barocken Bauten, etwa das Rathaus und die Häuser am Fischmarkt. Offenburgs vielleicht bedeutendste Sehenswürdigkeit ist die Mikwe, ein sehr gut erhaltenes rituelles jüdisches Tauchbad aus dem frühen 14. Jahrhundert in 15 Metern Tiefe. Nach der Vertreibung der jüdischen Bevölkerung diente sie als Brunnen, wurde irgendwann zugeschüttet und erst im 19. Jahrhundert wiederentdeckt. Das Bad besaß neben der reinigenden gewiss auch eine kneippartige Wirkung: Eine konstante Lufttemperatur von 15 Grad und vier Grad Wassertemperatur sind ideale Voraussetzungen zur körperlichen Abhärtung. Zurück zu Burda-City. Es ist wahr: Die Firmengebäude beherrschen die Stadt. Etwa 2000 Mitarbeiter denken, schreiben, layouten, fotografieren und drucken am Geburtsort von „Lisa", „Freizeitrevue" und „Burda Moden" und prägen so die deutsche Zeitschriftenlandschaft nachhaltig. Pro Jahr werden mehr als eine halbe Milliarde Zeitschriften an 100 000 Einzelhändler geliefert, 600 Millionen Druckseiten täglich werden in 90 Ländern der Erde vertrieben. Seit 2003 gibt es eine Journalistenschule in Offenburg. Und wer vom Texten Kopfweh bekommt, sollte seine hilfreiche Tablette unbedingt in der Einhorn-Apotheke kaufen, einem ausnehmend schönen Barockgebäude aus dem 18. Jahrhundert.

ADRESSE: 77652 Offenburg, ➜ *www.offenburg.de.*
TIPP: Das Museum im Ritterhaus, das in einem ehemaligen Gebäude der Ortenauer Reichsritterschaft untergebracht ist, zeigt 10 000 Exponate aus der Offenburger Stadtgeschichte. ➜ *www.museum-offenburg.de.*

43 SCHWARZWALDHOCHSTRASSE

Älteste Panoramastraße mit besonderem Charme

Lange bevor es Straßen für alles Mögliche als touristische Attraktionen gab, existierte bereits Deutschlands älteste Themenstraße: die Schwarzwaldhochstraße. Bald 80 Jahre alt ist die kühn geschwungene Verbindung zwischen Baden-Baden und Freudenstadt – vorbei an der berühmten Nobelherberge Bühlerhöhe – und erschließt auf ihren 65 Kilometern eine raue und einst einsame Gegend. Vor allem Motorradfahrer lieben diese Herausforderung vor der Haustür, machen Halt am einst abgeschieden liegenden Mummelsee, kaufen dort Bauernbrot und Schwarzwälder Speck und ahnen nichts mehr vom Ursprung des geheimnisvoll klingenden Gewässernamens. „Mummeln" nannte man früher die weißen Seerosen, die auf dem stillen See lebten; dieser verdankt seine Existenz einem eifrigen Gletscher, der in der letzten Eiszeit vor 10 000 Jahren diese Mulde grub.

Die Seerosen gibt es nicht mehr und die Abgeschiedenheit auch nicht, denn seit sich hier Hotel, Gaststätte und Laden angesiedelt haben, ist der Parkplatz überlaufen und der Trampelpfad rund um den See etwa so einsam wie die Karlsruher Kaiserstraße. Doch ranken sich um den See allerlei Sagen, die von Generation zu Generation weitergegeben werden. Ungetüme sollen darin leben, ein Kristallpalast tief drunten existieren – und die Leute erzählen sich, dass ein Unwetter drohe, würfe man einen Stein ins Wasser.

Wer vor all dem flüchten will, findet andere Ziele entlang der Schwarzwaldhochstraße mit ihren atemberaubenden Blicken an den Bäumen vorbei ins Rheintal. Etwa den Westweg von Sand bis zur Alexanderschanze, im 18. Jahrhundert Befestigungsanlage der Österreicher gegen das Revolutionsheer des General Moreau. Oder den Wildnis- und den Luchspfad am Plättig. Auf der Spitze der Hornisgrinde, mit 1164 Metern der höchste Berg des Nordschwarzwaldes, kann man auf Bohlenwegen durchs Hochmoor mit seinem empfindlichen Schwingrasen laufen und sich dabei wie in Schottland fühlen.

Verläuft zwischen Baden-Baden und Freudenstadt, ➜ *www.schwarzwald-hochstraße.de*. **TIPP:** Während der Wintermonate gibt es eine gemeinsame Liftkarte für die Skiorte entlang der Schwarzwaldhochstraße.

44 SCHLOSS STAUFENBERG

Geburtsort des badischen Qualitätsweinbaus

Der Name Durbach hat einen guten Klang für Weinliebhaber. Die verstreut liegende Ortschaft ruht im Schutz des Schlosses Staufenberg, einer ehemaligen Ritterburg aus dem 11. Jahrhundert, eingesäumt von drei Bergen in bevorzugter Lage.

Durbach ist die bedeutendste Weinanbaugemeinde des Landkreises Offenburg und Heimat so bekannter Tropfen wie dem „Durbacher Clevner", einem Traminer. Der Ort ist vom Wein umzingelt: 550 Hektar Anbaufläche und zwölf Weingüter gehören zu seiner Gemarkung. Die unzerstörte und seit dem Dreißigjährigen Krieg ununterbrochen bewohnte Burg Staufenberg, malerisch von Reben umgeben, krönt den Ort und bietet einen grandiosen Blick über badisches und elsässisches Land. Dass sie unzerstört ist, verdankt sie einer Laune des Marschalls Mélac im Jahre 1693. Anstatt sie wie die anderen eroberten Bastionen zu zerstören, beabsichtigte er, Staufenberg zu einer Festung auszubauen. Der Plan wurde nie umgesetzt, aber die Burg blieb erhalten und gelangte wieder in den Besitz der Markgrafen von Baden, denen sie bis heute gehört – wenn sie auch zwischenzeitlich von Napoleon eingenommen wurde. 1832 wurde das alte Gemäuer von der seit jeher dem Weinbau zugetanen markgräflichen Familie zum romantischen Schloss umgebaut und ist heute Sitz des Weingutes Markgraf von Baden. Ein Touristenmagnet, dem man seit neuestem mit einer Probierstube der Prädikatsweine des Weingutes Tribut zollt.

Im Sommer ist der Platz im Schlosshof, mit Wein und Aussicht, wahrhaft königlich, und beides hat einst sogar ein Kaiser genossen: Wilhelm I. ist als Gast des Prinzen Wilhelm von Baden des Öfteren hier eingekehrt. Der Wein, der unterhalb des Schlosses wächst, heißt „Klingelberger", benannt nach dem Gewann „Klingelberg", auf dem die Rebstöcke stehen. Die weithin geschätzte Rieslingtraube, mit deren Anbau Markgraf Karl Friedrich von Baden einst den Beginn des badischen Qualitätsweinbaus einläutete, wurde im Jahr 2012 stolze 230 Jahre alt.

ADRESSE: 77770 Durbach, ➔ *www.durbach.de.*
TIPP: Das Wein- und Heimatmuseum führt ein in die
Geschichte des Weinbaus in Durbach.

45 OBERKIRCH

Schnapstrinken in Badens Paradiesgarten

Ein gehaltvoller Ort! Doch dazu später. Einst Zähringerbesitz, dann 1303 an Straßburg verkauft, in dessen Besitz die Stadt fast 500 Jahre verblieb – in Oberkirch spürt man noch heute ein beinahe südliches oder zumindest französisches Flair. Die Stadt mit ihrem rauschenden Flüsschen, den Winkeln, Gässchen, kleinen Läden, Kneipen und Fachwerkfassaden wirkt nicht so touristisch hergerichtet wie manch andere Schwarzwaldkleinstadt. Und hat dennoch Postkartenpotential: Das Hotel „Zur oberen Linde" mit dem Fachwerkgipfel ist häufig auf Fotos in Zeitschriften oder im Fernsehen zu sehen, wenn es um gelungene Schwarzwaldarchitektur geht.

Der Ort, in dem Hans Jakob Christoffel von Grimmelshausen von 1649 bis 1661 lebte, bevor er nach Renchen umzog, kann mit Fug und Recht als fruchtbar bezeichnet werden. Nicht nur wegen seines Reichtums an Obst – die hiesigen Erdbeeren sind berühmt – und Wein, sondern vor allem wegen seiner Schnapserzeugung. An die 900 Hausbrennereien zählt Oberkirch und setzt damit die Tradition fort, die 1726 vom Straßburger Bischof Rohan als Privileg an die Bauern im Rechtsrheinischen vergeben wurde: Sie durften ihr überschüssiges Obst zum Hausgebrauch destillieren. Und dieses Recht nehmen die Kleinbrenner bis heute in Anspruch, indem sie erlaubterweise bis zu 600 Liter Schnaps herstellen.

In Oberkirch weiß man, dass Schnaps brennen eine Kunst ist. In der Familie über Generationen hinweg weitergegebenes Wissen sorgt für hohe Qualität bei dem bekömmlichen Topinambur und den leckeren Mirabellen-, Zwetschgen- und Himbeergeistern. Der Gast kommt am Schnaps nicht vorbei. Beim Hotel „Grüner Baum" hat man den ersten Schnapslehrpfad Europas eingerichtet. Schautafeln erläutern die Welt des Hochprozentigen, Verkostungen gibt es besser erst am Schluss. Öffentliche und private Brennereien bieten Pauschalangebote, Betriebsbesichtigungen und „Probiergläsle" an.

ADRESSE: 77704 Oberkirch, → *www.oberkirch.de*.
TIPP: Genießen Sie auf der Bader Almhütte in Oppenau-Ibach eines der entspannenden Bäder – im Sommer im Freien!

46 RENCHEN

Die Geburtsstadt des Simplicissimus

Er ist nicht mal in Renchen geboren. Auch nicht in Oberkirch, wo er über zehn Jahre lebte und das ihn gerne für sich behalten hätte. Hans Jakob Christoffel von Grimmelshausen hat in Gelnhausen an der Kinzig im Hessischen das Licht der Welt erblickt, vermutlich im Jahr 1621 oder 1622. Übrigens kam er in eine ziemlich verstörende Welt – tobte doch bereits seit einigen Jahren der Dreißigjährige Krieg. Im Winter 1638/39 verschlug es Grimmelshausen „in die Schwabenheit". Zunächst diente er in der kaiserlichen Armee in Breisach, später in Offenburg unter dem Kommando des Freiherrn von Schauenburg, der ihn im Anschluss an seine Militärzeit als Verwalter einstellte. So verblieb er im Mittelbadischen. Als Wirt im „Silbernen Stern" in Gaisbach soll er im Zimmer über der Wirtsstube einen großen Teil des „Simplicissimus" geschrieben haben – des ersten Prosawerkes der deutschen Literaturgeschichte, das die Nöte des einfachen Volkes beschrieb. 1667 wurde Grimmelshausen Schultheiß in Renchen und blieb es bis zu seinem Tod, der ihn vermutlich 1676 ereilte. Der Pfarrer in Renchen trug hinter seinem Namen ein: „Honestus et magno ingenio et eruditione", was bedeutete, dass seine Mitbürger wussten, sie hatten es – trotz Schriftstellerei – mit einem ehrenhaften und klugen Mann zu tun gehabt.

Seit 1879 steht ein gedrungener und schwerer Obelisk als Denkmal für den Bürger der Stadt vor der Renchener Kirche. 1977 stiftete der Verleger Franz Burda ein moderneres Denkmal für den ersten Chronisten seiner Zeit, dessen Werk heutzutage freilich sperrig zu lesen ist. Der namhafte Bildhauer Giacomo Manzù hat einen Grimmelshausen in bronzenen Pluderhosen, mit Degen und Papierrolle dargestellt: den „Jäger von Soest" – eine Figur aus dem Simplicissmus.

Das Simplicissimus-Haus mitten in Renchen, einem im Mittelalter wichtigen Verkehrsknotenpunkt, der sich in den vergangenen Jahren zu einem schmucken Ort entwickelt hat, bietet Veranstaltungen an und dokumentiert die jüngere Rezeptionsgeschichte dieses damals unerhört modernen Werkes.

ADRESSE: Hauptstraße 59, 77871 Renchen, → *www.renchen.de*. **TIPP:** Im Ortsteil Ulm wird von der Brauerei Ulmer das Vollmond-Bier gebraut. Unbedingt versuchen – auch wenn kein Vollmond über dem Ort steht.

47 KEHL

Vive la France! Europabrücke und Passerelle

Früher war sie das Tor in eine andere, aufregende Welt. Vom einst eher teutonisch-öden Kehl aus fuhr man über den an dieser Stelle recht schmalen Rhein, dem man wenig Beachtung schenkte, die Augen fest auf die Zollhäuschen am Ende der 245 Meter langen und 18 Meter breiten Stahlbalkenbrücke mit den vier Fahrspuren gerichtet: Dort waren die Grenzer, die fremd und elegant und damit typisch französisch aussahen und schon manchmal misstrauisch schauten, wen sie da in ihr schönes Land ließen. Die Ferne rief: via Straßburg nach Paris, in die Bretagne oder nach Marseille.

So selbstverständlich war das gar nicht: Eine feste Brücke über den Rhein! Und das noch zwischen zwei einst verfeindeten Völkern! Doch 1960 wurde dies Monument deutsch-französischer Freundschaft in Europa eingeweiht und trat damit an die Stelle der Behelfsbrücke der 1950er Jahre. Heute ist die Europabrücke die meistbefahrene deutsch-französische Verkehrsverbindung über den Rhein mit mehr als 30 000 Fahrzeugen täglich. Im Mittelalter verband die beiden Städte Kehl und Straßburg die sogenannte „Lange Bruck" aus dem Jahre 1338, eine Holzbrücke, die durch die Kriege des 20. Jahrhunderts zerstört wurde.

Seit 2004 gibt es neben der Europabrücke, die meist eilig und blicklos überquert wird, die zur Entschleunigung beitragende „Brücke der zwei Ufer" (Passerelle des Deux Rives), die nur für Leute zu Fuß oder auf dem Rad zu passieren ist. Mit großen Schritten eilte 2009 beim NATO-Gipfel der damals frisch gewählte amerikanische Präsident Barack Obama von einem europäischen Land ins andere, gefolgt von einer Corona andächtiger Regierungschefs. Hüben und drüben warten schöne Parkanlagen auf die Spaziergänger zwischen den Welten. Die Schrägseilbrücke könnte als neues Symbol für ein friedliches Europa dienen.

Auch die Europabrücke hat man touristisch aufgewertet. Unweit des Kehler Bahnhofs am sonst eher tristen Brückenbeginn ist eine künstliche Strandbar aufgebaut worden. Dort kann man auf deutschem Boden *vin rouge* trinken, den Blick sehnsüchtig nach Frankreich gerichtet.

ADRESSE: 77694 Kehl, ➜ *www.kehl.de.* **TIPP:** Flanieren Sie über das ehemalige Landesgartenschaugelände und lassen Sie den Blick auf die französische Seite schweifen.

48 KAPPELRODECK

Weinselig-süße Romantik rund ums Zuckerbergschloss

Diese Hexe ist weltberühmt – und sie kommt aus Kappelrodeck. Obwohl man hier die Fünfte Jahreszeit noch richtig ernst nimmt und die zahllosen als Hexen verkleideten Narren zur alemannischen „Fasnet" alljährlich den Ort in den buntesten Verkleidungen bevölkern, ist an dieser Stelle die „Hex vom Dasenstein" gemeint, ein kraftvoller Spätburgunder, um den sich natürlich auch eine regionale Legende rankt. Ein Burgfräulein, das sich unter seinem Stand in einen Bauernjungen verliebt hatte, wurde von seinem Vater von Burg Rodeck verstoßen, siedelte sich am Dasenstein an und baute fortan seinen eigenen Wein an. Verhungern musste das Mädchen gewiss nicht, denn die Gegend um Kappelrodeck ist klimatisch begünstigt und sehr fruchtbar; die hier ansässige herbstliche Esskastanie ist nur eine unter vielen Zeugen der südlichen Vegetation.

Ursprünglich hieß der gepflegte Ort „Cappel bi Rodecke", was auf die Existenz einer Kapelle schließen lässt – in unmittelbarer Nachbarschaft der heute rund tausend Jahre alten Burg Rodeck, die 1879 unter Verwendung alter Bauelemente und Hinzufügen eines Renaissanceportals zum Schloss umgebaut wurde. Hier herrschte einst das Rittergeschlecht der Röder. Heute allerdings beherrschen Wein und Gastronomie die Gegend und sorgen für lebhaften Tourismus. Ein Weinlehrpfad, der auf zwanzig Tafeln Informationen zu Weinbau und Rebsorten liefert, endet an der pittoresken, sagenumwobenen Felsengruppe Dasenstein.

Aus einer anderen Zeit scheint das Zuckerbergschloss zu stammen, das eigentlich nur nach dem Gewann heißt, auf dem es steht – doch man ist versucht, die süßen Zuckerkristalle mit dem Namen in Verbindung zu bringen. Wahrlich stilvoll inmitten von Rabatten, Oleandern und Palmen gelegen, lassen sich hier vorzüglich Kaffee und Kuchen genießen. Der gepflegte kleine Park kündet von der Sommerfrische vergangener Tage. Der Gast, der anschließend im Musikpavillon einem Konzert lauscht, mag sich fühlen wie in Bad Ischl zur Zeit von Kaiserin Sissi. Das Kleinod wurde 1889 erbaut und diente nach seiner Besetzung durch die Franzosen im Zweiten Weltkrieg als komfortable Residenz für ihren General Dromard.

ADRESSE: Zuckerbergschloss, Grüner Winkel 60, 77876 Kappelro-deck, ➜ *www.zuckerbergschloss.de*. **TIPP:** In Kappelrodeck wird der be-rühmte Wein „Hex vom Dasenstein" gekeltert. Eine Weinprobe bietet der gleichnamige Winzerkeller an. ➜ *www.dasenstein.de*.

49 ACHERN

Die Mitte Badens

Siedelt man ein Herz grundsätzlich in der Körpermitte an, so schlägt das Herz Badens in der lebhaften Stadt Achern. 1855 wurde hier die drei Meter hohe Büste des Großherzogs Leopold auf dem Adlerplatz errichtet – und damit eben genau in der geografischen Mitte des Landes. Heute steht sie dort nicht mehr, denn hundert Jahre später wurde sie 50 Meter nach Süden verpflanzt. Der Grund lag in der beinahe vollständigen Zerstörung der Stadt im Zweiten Weltkrieg; auch der betroffene Adlerplatz musste umgestaltet werden. Die Errichtung der Sandsteinstatue war nicht unumstritten. Diejenigen Acherner Bürger, die sich an der Badischen Revolution von 1848 beteiligt und in dem ehemals „revolutionären Nest" sogar eine Volksversammlung abgehalten hatten, empfanden diesen Akt als Anbiederung an Leopolds Sohn, den nun regierenden Großherzog Friedrich. Nichtsdestotrotz, die Jungfrau Achern krönt den Herrscher mit einem Lorbeerkranz – das Werk des Bildhauers André Friedrich entsprach dem damaligen Zeitgeschmack.

Achern hat schon mehr ausgehalten. Die Stadt, durch die einst eine Römerstraße hindurchführte, ist uraltes Siedlungsgebiet. So wird Achern gegen Ende des 11. Jahrhunderts erstmalig erwähnt, hält seit circa 1500 einen Markt ab und bekommt 1808 das Stadtrecht, „in Rücksicht auf dessen ansehnliche Bevölkerung, den Gewerbefleiß und die Betriebsamkeit seiner Einwohner", wie es in der Begründung heißt.

Dies alles gilt auch heute noch für die sogenannte Hornisgrindestadt. Der Name passt, denn das mächtige Grindemassiv ist von fast jedem Punkt der Stadt aus zu erahnen. Achern, das am Talausgang der Acher gelegen ist, lockt mit einer fast großstädtisch anmutenden, schicken Einkaufsstraße, in der sich der Gast noch einmal austoben kann, bevor er sich in das Dreigestirn der nahegelegenen idyllischen Weindörfer begibt: Nach Sasbachwalden, nach Kappelrodeck und nach Waldulm. Der Zerstörung Acherns entronnen ist das mittelalterliche „Klauskirchl", das älteste erhaltene Bauwerk und Wahrzeichen der Stadt. Mit seinem runden Ecktürmchen ist es ein Schmuckstück in der Innenstadt.

ADRESSE: 77855 Achern, ➜ *www.achern.de*. **TIPP:** Die ehemalige Heil- und Pflegeanstalt Illenau präsentiert über das Jahr verteilt ein reiches Kulturprogramm – für Kinder und Erwachsene.

50 MÜNSTER SCHWARZACH

Mittelalterliche Benediktinerkirche mit „Köpfchen"

Romanische Kirchen strahlen in ihrer schlichten Kompaktheit immer etwas von der Wucht des mittelalterlichen Glaubens aus. Von Kehl auf der B36 kommend, lässt man das riesige dampfende Werk von Dow Chemical als Mahnmal der Neuzeit links liegen, biegt rechts ab, folgt dem Schild Münster Schwarzach – und bald ragt inmitten der Streuobstwiesen, der Getreidefelder und der kleinen Fachwerkhäuser des Ortes überraschend der mächtige, gedrungene Turm einer romanischen Säulenbasilika hervor. Seit 1190 steht die Kirche St. Peter und Paul mit ihrem prachtvollen Chorgestühl und ihren zwölf runden, markanten Säulen im Inneren stämmig wie eine Gottesburg auf dem mittelbadischen Sandboden und bildet zusammen mit einigen sie umgebenden barocken Gebäuden einen geschlossenen, schönen Ortskern.

Das unaufgeregte Dorf Schwarzach mutet ebenso wie das alles beherrschende Münster ein wenig elsässisch an, und tatsächlich war das im 9. Jahrhundert vom heiligen Pirmin gegründete Benediktinerkloster im hohen Mittelalter zeitweise im Besitz des Bistums Straßburg. 1803 fiel die Abtei im Zuge der Säkularisation an den badischen Markgrafen, 1840 wurden die Klostergebäude mit den kleinen, dreigeschossigen Konventhäusern abgerissen.

Heute ist das Münster Schwarzach im Besitz des Landes Baden-Württemberg. Die farbenprächtige Ausgestaltung des Kircheninnenraums mit der dominierenden Farbe Hellrot und den Ornamenten in Ocker, Blau, Grün und Orange geht auf mittelalterliche Farbspuren zurück und mildert die grundsätzliche Strenge des Inneren. Wer – allerdings vergeblich – eine Silbermann-Orgel erwartet, muss nicht enttäuscht sein. Der Orgelbauer Johann Georg Rohrer, der Bruder des Rastatter Hof-Architekten, darf als ein würdiger Konkurrent Silbermanns gelten. Die Chorfenster hat der Karlsruher Künstler Emil Wachter mit der ihm eigenen Sensibilität gestaltet. Verweilen kann man in dem kleinen Park, der früher die Konventsgebäude beherbergte und heute ein von ehrenamtlichen Mitbürgern betreuter Rosengarten ist. Im Museum ist ein Abbild des berühmten „Schwarzacher Köpfchens" zu sehen, das älteste Zeugnis abendländischer Glasmalerei.

ADRESSE: Münsterstraße, 77836 Rheinmünster, → *www.rheinmuenster.de*. **TIPP:** Wer noch etwas mehr Zeit einplant, kann mit der Rheinfähre „Drusus" vom Ortsteil Greffern zur französischen Gemeinde Drusenheim auf der anderen Rheinseite fahren.

51 FORBACH

Ferienort zwischen Wasser und Wald

Man wähnt sich im Allgäu – und ist doch im Murgtal. Sanfte grüne Matten, an denen kleine Holzhütten kleben, die früher wie heute als Heustadel dienen. Felsige Steilhänge liegen über dem hier noch lebhaften Flüsschen Murg. Vieh weidet an den steilen Hängen, ein enges Tal durchschneidet die Bergwelt, kühne Brücken, wie die Doppelbrücke bei Gausbach, überwinden Schluchten und Höhenunterschiede in dem wildromantischen Paradies für Wochenendausflügler, Urlauber, Radfahrer und Wanderer. Das zentral gelegene Örtchen Forbach – die archäologisch interessanten Giersteine mit ihren mysteriösen Vertiefungen nördlich des Ortes sprechen für eine weit zurückreichende Geschichte – kann mit Stadtteilen aufwarten, die wahrhaftig weit verstreut sind. Herrenwies auf der Schwarzwaldhochstraße gehört dazu, Hundsbach und Raumünzach. Bis ins Jahr 1760 war Forbach für Reisende die Endstation. Alles, was dahinter lag, war Flößern, wandernden Handwerkern, Abenteurern vorbehalten. Heute kurven schicke Wagen auf dem Weg zu den Sterneparadiesen nach Baiersbronn durch Forbach hindurch. Dass diese Sterne nicht mehr im Badischen, sondern im Württembergischen funkeln, mag vielen egal oder gar nicht bewusst sein.

Nicht übersehen kann der Reisende jedoch die Holzbrücke, die die Murg überwindet. Hier lohnt sich ein Fotostopp. 1778 wurde dieser Geniestreich der Zimmermannskunst erbaut, 1954/55 wurde sie abgerissen und nach den alten Bauplänen wieder neu errichtet. Die Brücke, die sich wunderbar harmonisch in die fast voralpin anmutende Landschaft einfügt, ist mit ihren 40 Metern Länge eine der längsten freitragenden Holzbrücken Europas. Von hier aus flößten einst die Murgschiffer die Stämme des „Schifferwaldes" lose nach Gernsbach hinunter, wo sie dann zu riesigen Flößen zusammengebunden wurden. Viele Sehenswürdigkeiten der Gemeinde Forbach liegen in der Höhe. Die mehr als zwei Kilometer lange Schwarzenbach-Talsperre ist ein Freizeitmagnet mit Ruderbootchen auf dem See und badenden und grillenden Familien am Ufer. Über die 65 Meter hohe und fast 400 Meter lange Staumauer dürfen keine Autos fahren.

ADRESSE: 76596 Forbach, → *www.forbach.de*. **TIPP:** Im Murggarten finden junge und ältere Besucher der Gemeinde Forbach einen Park mit viel Grünfläche und zahlreichen Wasserspielen entlang eines Bachlaufs.

52 BÜHL

Zwetschgenstadt mit mittelalterlichem Flair

Mögen andere Kartoffel-, Wein- oder Meerrettichfeste feiern: In Bühl verehrt man die „Blaue Königin", eine weit übers Badische hinaus vielgerühmte Frühzwetschge, und gibt ihr zu Ehren alljährlich eine rauschende Party mit vielen, vielen Gästen. Und auch wenn der Frühobstanbau wirtschaftlich nicht mehr zu den tragenden Säulen Bühls zählen mag – die aromatische Frucht behauptet ihre Stellung als Symbol der Stadt. Um 1840 wuchs der erste Baum auf dem Buchenhang des Thesihofes in Kappelwindeck empor, wo er durch Zufall entdeckt wurde. Die sogenannte „Bühler" ist ein wahres Geschenk der Natur, zumal sie ihr volles Aroma nur hierzulande entfaltet, sich aber richtig verpackt auch gut zum Versand eignet.

Und deshalb die Party, das überregional beliebte Zwetschgenfest in Bühl, das alljährlich am zweiten Septemberwochenende die Stadt in einen Ausnahmezustand versetzt. Zu Ehren des süßen blauen Obstes wird vier Tage lang gefeiert: Mit Vergnügungspark und Fahrgeschäften, mit Losbuden, Kinderkarussells und natürlich überall Imbissständen, die weit mehr als nur eine „Rote" mit Brötchen und Senf anbieten.

Bühl war immer schon rege. Die Tatsache, dass die Stadt bereits 1403 das Recht für einen Wochenmarkt und wenig später das für einen Jahrmarkt erhielt, kurbelte den Gewerbefleiß an. Heute hat Bühl es geschafft, zur lieblichen Wohnstadt mit reizvoller Kulisse zu werden – umgeben von Obst- und Weinbauflächen sowie Schwarzwaldbergen. Die Gemeinde hat sogar noch zwei touristische Asse im Ärmel beziehungsweise in der Gemarkung: Den Plättig mit Wiedenfelsen und die Bühlerhöhe mit dem bekannten, immer wieder neu eröffneten gleichnamigen Luxushotel. Über der Stadt thront dann noch die Ruine Alt-Windeck – heute ist hier das exquisite Schlosshotel untergebracht.

Nicht weit von der Stadt entfernt befindet sich ein Unikum: Das „Motorradkloster" Maria Hilf, das den modernen Rittern der Landstraße mit Landkarten und Motorradzubehör zur Seite steht.

ADRESSE: 77815 Bühl, ➜ *www.buehl.de.*
TIPP: Das Bühler Zwetschgenfest findet jedes Jahr im September statt. Bitte rechtzeitig ein Hotelzimmer sichern!

53 BADEN-BADEN

Mondäne Bäderstadt von Welt

Man kann zwar weit mehr unternehmen als Baden in Baden-Baden, aber das Eintauchen in die warmen Quellen gehört nun mal dazu. Schon Kaiser Caracalla soll während seines Aufenthaltes im Jahr 213 n. Chr. die wohltuenden Wasser genossen und den Bau einer Therme am Markt befohlen haben. Heute ziehen unweit davon das elegante Gesellschaftsplanschbad, die Caracalla Therme, sowie die beeindruckenden Schwimmbecken und Thermal-Dampfbäder des prachtvollen Friedrichsbads eine höchst internationale und mitunter bunte Gästeschar an.

Nach dem Bade flaniert man durch die Stadt, der Unterhaltung und des reinen Vergnügens willen. Vorüber geht's an den picobello gepflegten Häusern, den schicken Hotels wie dem Brenner's oder dem Dorint Maison Messmer, durch die engen Gassen, die steil zum Marktplatz emporsteigen (wo einst Präsident Obama Frau Merkel traf), und danach weiter hinauf zum Neuen Schloss und den Waldwegen, die zum Alten Schloss führen. Über den Leopoldsplatz, vorbei am Café Capri, genannt Café „Sieh-Mich", in dem man sich in mediterranen Gefilden wähnt, geht es hinüber zum Rokokotheaterchen, zum Casino und zur Trinkhalle mit den gemalten Sagengestalten. Unter Palmen wandelt man die fast immer geöffneten Kurhauskolonnaden entlang, die irgendwie aus einer anderen Zeit zu stammen scheinen, und bestaunt die Auslagen. Im Casino hat sich die Kleiderordnung seit den Zeiten von Dostojewski, der damals dort sehr viel Geld verspielte, gelockert – seine Landsleute haben den Ort, der seit Beginn des 19. Jahrhunderts die feine und die halbfeine Gesellschaft an die Oos lockt, für sich wiederentdeckt. Nicht nur im Casino, auch in den Cafés und feinen Läden der Stadt spricht man „auch Russisch". Das Museum Frieder Burda mit viel Glas und weißer Fassade, das nun doch kein Störenfried in der weltberühmten Lichtentaler Allee ist, sondern sich großer Beliebtheit erfreut, zeigt großartige und bedeutende Kunst-Ausstellungen. Am Beginn dieser Flaniermeile wartet das Festspielhaus mit Weltklasseballett und manchmal auch Rock auf, am anderen Ende findet der Wanderer Einkehr und Frieden im Kloster Lichtenthal an der Oos.

ADRESSE: 76530 Baden-Baden, ➜ *www.baden-baden.de.*
TIPP: Eine Wanderung zum Alten Schloss Hohenbaden
sollte unbedingt eingeplant werden. Von hier hat man einen
traumhaften Blick über das Rheintal.

54 BAD WILDBAD

Ein Wellnessparadies im Nordschwarzwald

Egal ob man mit der Straßenbahn oder mit dem Auto, von Pforzheim kommend, anreist: Nach einer Weile sieht es so aus, als käme hier nichts mehr außer purer Natur. Verschlungen die Straße, dicht der Wald bis hinten ins Tal der Enz hinein. Doch dann taucht aus all dem Grün heraus Bad Wildbad wie eine Erscheinung auf und überrascht mit Hotels und Restaurants, mit der rustikal-gediegenen Architektur des Nordschwarzwalds und mit viel frischer Luft.

Neben Baden-Baden ist Wildbad das zweite „Weltbad" im nördlichen Schwarzwald und durfte sich zahlreicher prominenter Gäste erfreuen.

Die Mönche aus Kloster Hirsau haben es einst den Römern nachgemacht: Der vermutlich von ihnen geschaffene Thermalwasserschacht aus der Zeit um 1200 ist das erste Zeugnis der Nutzung von heißen Quellen in Wildbad. Und kuschelig warm ist das Wasser: Bei Temperaturen zwischen 35 und 41 Grad kann man sich aalen wie in der heimischen Badewanne. Gelenkerkrankungen sollen sich bessern und überhaupt das Allgemeinbefinden. Das schätzten schon die Menschen des 19. Jahrhunderts, und so entstand zwischen 1839 und 1847 das prachtvolle Gesellschaftsbad Graf-Eberhard im klassizistischen Stil mit maurischem Innendekor und Jugendstilelementen. Nach beträchtlichen Renovierungsarbeiten wurde das Bad 1995 als neue Wohlfühloase mit dem klingenden Namen „Palais Thermal" neu eröffnet. Dort baden die Gäste stilvoll und nostalgisch in der maurischen Halle mit ihren Arkaden und wandeln entlang üppig ornamentierter Wände auf bunten Mosaik-Fußböden. Auch sonst weht ein Hauch Vergangenheit durch die kleine, abends eher verschlafen wirkende Stadt. Die Gründerzeit wird wieder lebendig im 1890 bis 1892 erbauten ehemaligen König-Karls-Bad. Heute befindet sich das Tourismusbüro in dem Prachtbau. Ein Morgenspaziergang durch den noch stillen Kurpark mit den alten Bäumen ist ein Genuss, und Wanderer und Naturliebhaber sollten mit der Standseilbahn auf den Sommerberg fahren oder zum Wildsee pilgern, der inmitten einer an Schottland erinnernden Hochmoorlandschaft liegt.

ADRESSE: 75313 Bad Wildbad, ➜ *www.bad-wildbad.de.*
TIPP: Im Palais Thermal befinden sich vier finnische Saunen. Besonders empfehlenswert ist die Meditationssauna für Gestresste und das Römische Dampfbad. Hierfür sollte man sich unbedingt die Zeit nehmen!

55 GERNSBACH

Perle des Murgtals

Willkommen bei den badischen Buddenbrooks! Der reich gewordene Murgschiffer Johann Jakob Kast ließ sich 1617/1618 ein ganz unerhört schickes Domizil in Gernsbach bauen. Heute bildet es zusammen mit dem Brunnen und dem Storchenturm ein echtes Postkartenmotiv. Das dreigeschossige Steinhaus mit den drei regelmäßig angeordneten Fenstern und einem Veloutengiebel muss damals inmitten der bescheideneren Fachwerkhäuser imponierend erschienen sein. Die Längsseite dieses Meisterwerks süddeutscher Renaissance weist ein Portal und eine üppige Fensterrahmung auf und man kann sich bestens vorstellen, wie die Bewohner in dem zweigeschossigen Eck-Erker standen und den Ausblick auf die steil ansteigende Straße des terrassenförmig angeordneten Altstadtkerns genossen. Man vermutet, dass der „Fugger des Murgtals" mit dem Bau keinen Geringeren als Johannes Schoch beauftragt hatte, der bereits den Friedrichsbau am Heidelberger Schloss sowie den „Neuen Bau" in Straßburg geschaffen hatte.

Das alte Schifferstädtchen besitzt das Privileg, einst Grafenstadt gewesen zu sein, was das Erscheinungsbild der „Murgtalperle" prägte und ihm ein gewisses vornehmes Prestige verlieh. Das ist bis heute spürbar – und ohne die kleine feine Kulisse wäre das weithin bekannte Gernsbacher Altstadtfest Mitte September vielleicht kein solcher Publikumsmagnet.

Mit einer fränkischen Hofsiedlung um das Jahr 960 trat Gernsbach ins Licht der Geschichte, und um 1250 herum wurde der Ort, auf den das wohlwollende Auge des hohenstaufischen Kaisers fiel, zur Stadt erhoben. Die Dynastie derer von Eberstein residierte auf einem Bergsporn oberhalb der Murg auf ihrer Burg, in der sich heute, umgeben von beschaulichen Weinbergen, ein Nobelrestaurant mit herrlichem Blick über das Murgtal befindet. Gernsbach lag verkehrsgünstig und erlebte einen zusätzlichen Aufschwung, als sich die verwegenen Murgschiffer zusammenschlossen und die Murgflößerei ein bedeutender Wirtschaftszweig wurde.

ADRESSE: 76593 Gernsbach, ➜ *www.gernsbach.de.*
TIPP: Gernsbach ist die Stadt der Sonnenuhren. 17 finden sich über die ganze Altstadt verteilt, etwa an der Liebfrauenkirche oder auf dem Rathausplatz.

56 GAGGENAU

Die Heimat des Unimogs

In der „guten alten Zeit" hätte man gesagt: Endlich mal ein Museum für Papi! Die Zeiten haben sich zwar geändert, aber trotzdem darf gemutmaßt werden, dass Männer an der liebevoll in Privatinitiative geschaffenen Kultstätte für ein Kultauto ein klitzekleines bisschen mehr Spaß haben. Das Universal-Motor-Gerät, abgekürzt Unimog genannt, war direkt nach dem Zweiten Weltkrieg von ein paar Tüftlern für die Landwirtschaft entwickelt worden, übernahm aber, praktisch und quadratisch wie es war, bald auch Aufgaben in der Armee, in der Forsttechnik und im Kommunaldienst. Man sah die roten oder grünen Fahrzeuge eifrig an Straßenrändern arbeiten, die Geräte waren immer im Einsatz. Seit 1951 wurde das lange haltbare Wunderding in Gaggenau in Serie hergestellt und 2002 die Produktion nach Wörth verlegt.

Im Unimog-Museum Gaggenau, dem einzigen seiner Art weltweit, wird diesem Kapitel deutscher Tüftel- und Technikgeschichte gehuldigt. In einem großen, übersichtlichen Raum stehen verschiedene Modelle, von denen jedes einzelne seine ganz persönliche Geschichte erzählen könnte, so wie der Unimog überhaupt seit jeher ein Fahrzeug war, das Leidenschaft weckte. Vom Prototyp bis zum Geräteträger von heute verkörpert er einen ganz außergewöhnlichen Abschnitt in der Automobilgeschichte. Kleine Filme und Dokumentationen über den Unimog mögen den Einstieg auch für jene erleichtern, die nicht schon als 18-jährige Wehrdienstleistende in einem dringehockt haben. Und man kann sehr gut nachvollziehen, welch große Leistung so ein Unimog aufbringt, indem man sich selber einmal auf die Laufrolle stellt, die die Steigungsposition des unermüdlichen und unkaputtbaren Fahrzeugs simuliert. Die eigentliche Attraktion wartet aber außerhalb des Museums. Auf einem Parcours wird über Stock und Stein, durch Wassergräben und Sand gefahren. In flotter Schräglage zeigt er, was er kann, der kleine Kerl. Schließlich erklimmt er, gesteuert von einem kundigen Fahrer, der nebenher noch Anekdötchen zum Besten gibt, einen künstlichen Hügel mit etwa 45 Grad Steigung – und weil's so schön war, fährt man denselben Weg gleich noch einmal zurück.

ADRESSE: 76571 Gaggenau, ➔ *www.gaggenau.de.* **TIPP:** Im Museum Haus Kast, Landstraße 43, gibt es einzigartige Ausstellungsstücke zu den Themen Flößerei und Waldwirtschaft zu sehen. ➔ www.murgtal.org.

57 MOOSBRONN

Marienwallfahrtsort im Moosalbtal

Moosbronn ist einfach nur Sommerfrische und gute Luft. Raus aus dem Alltag, hinein in eine höher gelegene und heile Welt voller Wiesen, Pferdekoppeln und gemächlichen Spazierwegen, die an Ausflugslokalen enden. Moosbronn liegt im Moosalbtal und ist reich an Panoramawegen. Der kleine Weiler und Wallfahrtsort gehört zum Gaggenauer Stadtteil Freiolsheim, mit dem es aber eigentlich nicht viel zu tun hat. Pferdebegeisterte Teenager lieben einen Besuch beim „Mönchhof", einem Islandpferdegestüt und Drehort der Fernsehserie „Fest im Sattel". Die Luft hier oben ist immer frischer als im schwülen Rheintal. Wer da oben wandert, hat oft als Ziel den Mahlberg, der mit seinen 611 Metern Höhe einen herrlichen Blick über die Berge des nördlichen Schwarzwalds bietet. Lohnend ist auch der Grenzweg mit den Grenzsteinen, die den einst so wichtigen Grenzverlauf zu den Württembergern markierten. Früher gab es hier sogar eine Zollstation. Man stelle sich die Geschichten und Geschichtchen vor, die sich da ereignet haben mögen, wenn ein Moosbronner die „Nationalität" wechselte.

Anziehungspunkt für Moosbronntouristen – und weithin an ihrem bemalten Turm im Rokokostil zu erkennen – ist die Wallfahrtskirche Maria Hilf, gewidmet der Heiligen Jungfrau von Passau. Bei schönem Wetter zieht sie mit Gottesdiensten im Freien Gläubige von weither an. Ursprünglich war Moosbronn ein Herrenalber Klosterhof, erwähnt schon 1177.

Der Legende nach geriet ein Knecht im 17. Jahrhundert mit seinem Holzfuhrwerk am Berg in Not und rief aus: „Maria Hilf!" Nach seiner gelungenen Rettung ließ sein Herr zum Dank um 1680 die gleichnamige Kapelle erbauen.

Gläubige pilgern zu ihr, um Heilung und Trost zu erfahren, und beten vor dem Gnadenbild „Maria Hilf" im Hochaltar, das 1735 entstand und eine freie Nachbildung der Madonna von Lukas Cranach ist. Die Kreuzigungsgruppe kam 1804 aus Frauenalb nach Moosbronn. In einem kleinen ummauerten Rasenstück sind historische Grabsteine zu bewundern. Sehenswert ist auch der Taufstein von 1791.

ADRESSE: 76571 Gaggenau-Moosbronn, → *www.gaggenau.de.* **TIPP:** Der historische Grenzweg Michelbach – Moosbronn – Bernbach folgt dem Verlauf der ehemaligen Landesgrenze zwischen Baden und Württemberg. Der Wanderweg führt über 11 Kilometer über den Bernstein – mit traumhaften Ausblicken über Murgtal und Schwarzwald.

58 KUPPENHEIM

Knöpflestadt und Tor zum Murgtal

Mehl, Eier, Wasser, Salz, Muskat, Petersilie und Weißbrot – das sind die Zutaten für die Knöpfle, denen Kuppenheim seinen Spitznamen verdankt und mit denen man – der Idee einer listigen Einwohnerin folgend – einst die Belagerer so lange beschoss, bis sie, frustriert über den offensichtlichen Reichtum der Stadt, abzogen – nicht wissend, dass es die letzten Reste waren, die ihnen da um die Ohren flogen. Die Knöpflestadt, günstig im Dreistädteeck Rastatt, Baden-Baden und Gaggenau und am Übergang von der Rheinebene zu den Vorbergen des Schwarzwaldes gelegen, ist das Tor zum Murgtal. Die wachsende Gemeinde erfreut sich eines auffallend reichen Vereinslebens und frischen Selbstbewusstseins, obwohl sie – von den Franzosen fast vollständig zerstört – im 17. Jahrhundert viel von der einstigen Machtstellung an das benachbarte Rastatt abgeben musste. Kuppenheim konnte sich einen Rest dörflichen Flairs erhalten und verwöhnt seine Bewohner durch ein beachtliches Freizeitangebot wie etwa das erste „Spaßbad der Region", das bei Familien beliebte „Cuppamare". Schön ist der Ortsteil Oberndorf mit einem gepflegten dörflichen Ortskern und idyllischen Spazierwegen, auf denen man wundervoll flanieren kann und einen herrlichen Blick auf die Hügel des Murgtals hat.

In Kuppenheim selbst gibt es einige historische Sehenswürdigkeiten, die einen Besuch lohnen. Dazu zählt der Judenfriedhof, die zum Teil erhaltene Stadtmauer, das alte Rathaus, einige stattliche Fachwerkhäuser und die Eisenguss- sowie Sandsteinbrunnen aus der Renaissancezeit, die sogar dem eilig Vorüberfahrenden als besonders schön auffallen. Mitten in der Stadt Kuppenheim überrascht eine massive Kirche mit bedeutenden Glasfenstern, die unter anderem das Martyrium des Heiligen Sebastian zeigen, sowie einem prachtvollen Vierungsgewölbe mit Sonne, Tierkreiszeichen, Rankenwerk und Allegorien der Kardinaltugenden. Apropos: Im Jahre 1810 nahm der hochbetagte Großherzog Karl Friedrich an der Grundsteinlegung der auf alten Grundmauern stehenden neuen Kirche persönlich teil, da sein unehelicher Sohn Franz Josef Herr, ein ehemaliger Landtagsabgeordneter, 1909 Pfarrer der Kirchengemeinde St. Sebastian geworden war.

ADRESSE: 76456 Kuppenheim, → *www.kuppenheim.de*.
TIPP: Ein Stadtrundgang dauert zwei Stunden. Ein Faltblatt
mit einer detaillierten Beschreibung des Rundgangs findet
sich auf der Internetseite der Stadt.

59 RENNBAHN IFFEZHEIM

Treffpunkt der Vornehmen und Reichen

Oben ohne geht gar nicht! Nicht, wenn man dazugehören möchte und im VIP- Bereich nicht unangenehm auffallen will. Die extravaganten Hutkreationen bei den Pferderennen in Iffezheim sind zweimal im Jahr sogar ein Thema in den Sportnachrichten. Und wer noch keine schicke Kopfbedeckung hat, kann sich direkt auf dem Rennplatz noch bei einer jener glücklichen Modistinnen, denen vom „Baden Racing" gestattet wurde, ihre Kunst auszustellen und zu verkaufen, ein neues Modell gönnen und aussehen wie in Ascot. Die Queen war zwar noch nicht in Iffezheim, die bleibt in Ascot, doch jede Menge sonstige Prominenz tummelt sich in der kleinen badischen Gemeinde, wenn „Frühjahrsmeeting" und „Große Woche" locken. So auch regelmäßig Seine Königliche Hoheit Prinz Bernhard von Baden ...

Es war Edouard Benazet, übrigens auch Gründer der Spielbank in Baden-Baden, der 1858 die Rennen in Iffezheim einführte und damit für volle Parkplätze auf der grünen Wiese und für volle Nobelrestaurants diesseits und jenseits der Grenze sorgte. Wenn man es noch nie erlebt hat, lohnt es sich auf alle Fälle, den nicht ganz niedrigen Tageseintrittspreis zu bezahlen, der noch durch die Anschaffung einer Rennzeitung erhöht wird. Und dann gilt es, scharfsinnig zu sein: Welches Pferd macht im Führring den besten Eindruck? Oder: Wie steht mein Favorit bei den Vorwetten, welche Chance wird ihm von den Kennern, den Zeitungen und Pferdesportjournalisten eingeräumt? Welches Geläuf bevorzugt er und wie ist der Boden heute? Das Wetten um Preise und Prämien im Wert von rund vier Millionen Euro findet heute computergesteuert statt, überall bedecken zerrissene Wettscheine den Rasen, der manchen Besucher sogar zum Picknick einlädt. Gegenüber der eleganten Anlage mit Sektbars, Lachschnittchen und dem leisen feinen Schmunzeln der wirklich Reichen gibt es noch den sogenannten Kapellenbuckel. Hier kostet es keinen Eintritt, und „ganz normale" Leute sitzen an langen Holzbänken, essen Bockwurst, trinken Bier, Hunde und Kinder tummeln sich unbesorgt auf dem Rasen. Und auch hier kann man reich werden – den Euros sieht man nicht an, wo sie gewonnen wurden.

ADRESSE: Baden Racing, Rennbahnstraße 16, 76473 Iffezheim,
➔ *www.baden-racing.com*. **TIPP:** Neben der Galopprennbahn
gibt es ein reichhaltiges Kinderprogramm mit Ponyreiten, Hüpf-
burg und Spielmobil.

60 RASTATT

Ehemalige Residenzstadt mit revolutionärer Tradition

Rastatt klingt nach Raststätte, wo sich Menschen aller Nationen begegnen, und so weist der Name der Barockstadt auch sprachgeschichtlich auf einen wichtigen Straßenschnittpunkt und Warenumschlagplatz hin. Nicht nur das Rastatt von einst war bunt, auch das von heute zeigt im Stadtbild eine höchst internationale Bevölkerungsstruktur, wenn sich auch die Koordinaten verschoben haben. Von 1843 bis 1866 lagen in der Bundesfestung Rastatt badische, preußische und österreichische Truppen – heute flankieren auffallend viele türkische und russische Läden die Hauptachsen der Stadt.

Direkt an der B3, die die Stadt durchschneidet, steht die reizende kleine Pagodenburg, gedacht als Spielburg für die markgräflichen Kinder. Damals also schon verwöhnte Kids? Wenn Sie neugierig geworden sind, nehmen Sie sich doch die Zeit, auf dem Murgdamm spazieren zu gehen und die Gesamtanlage Rastatts zu bewundern. Das raumgreifende Schloss, mit seiner 230 Meter langen Gartenfront das zweitgrößte Barockschloss des Südwestens, und die architektonische Konzeption der ihm zu Füßen liegenden Altstadt, in der Bürger und Beamten lebten. Die hatten das badische Versailles immer vor Augen, wie es sich heute noch präsentiert: mit dem vergoldeten Jupiter auf der Kuppel, dem großzügigen Schlossbezirk, dem schönen Park und der durch und durch barock anmutenden Kaiserstraße. Überall in der Stadt begegnet man seinem Namen: Markgraf Ludwig Wilhelm, der als Oberbefehlshaber die badischen Truppen auf einem erfolgreichen Feldzug gegen die Türken anführte und deshalb auch Türkenlouis genannt wurde, fand, als er 1689 aus dem Osten zurückkehrte, seine Stadt Rastatt eingeäschert vom französischen „Mordbrenner" Marschall Mélac. Ludwig Wilhelm beauftragte berühmte Architekten mit dem Ausbau seiner Residenz. Der Baumeister Egidio Rossi verwirklichte seine Ideen, der Böhme Johann Michael Ludwig Rohrer korrigierte ab 1707 die vom Italiener gemachten Baufehler und baute das Schloss um: Internationalität also auch hier. Heute sind im Schloss die Zusammenhänge von Staat, Gesellschaft und Militär im Wehrgeschichtlichen Museum eindrucksvoll dargestellt, und auch die Gedenkstätte für Freiheitsbewegungen ist hier untergebracht.

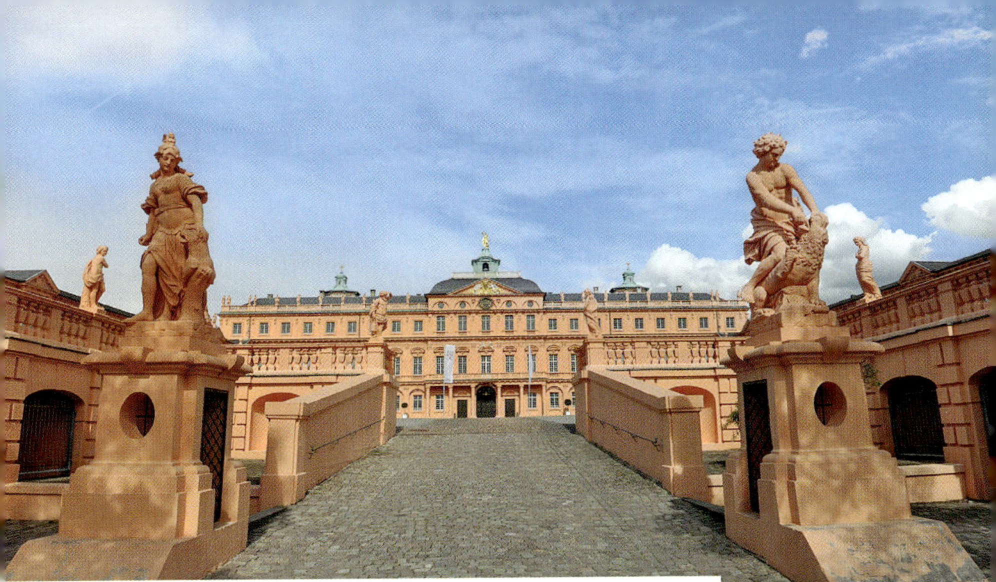

ADRESSE: 76437 Rastatt, → *www.rastatt.de*. **TIPP:** Die Erinnerungsstätte für die Freiheitsbewegungen der deutschen Geschichte zeigt eine sehenswerte Ausstellung über die Revolution 1848/49 und die „Freiheitsbewegungen in der DDR 1949–1989“.

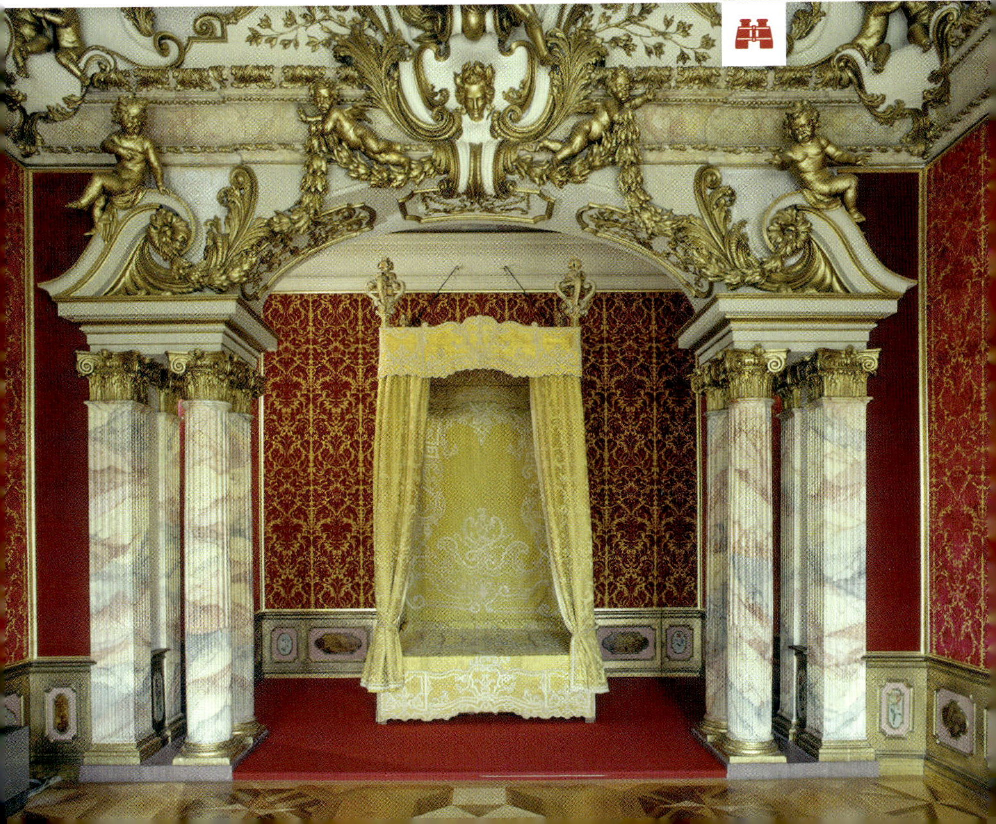

61 SCHLOSS FAVORITE

Imposantes Porzellanschloss der Markgräfin

Sonntags stehen die Autos in Rastatt-Förch Schlange und künden von einer eher verborgenen Sehenswürdigkeit. Und tatsächlich: Eher unspektakulär wartet Schloss Favorite in seinem 300 Jahre alten Park darauf, entdeckt zu werden. Hochzeitspaare haben es längst für sich vereinnahmt: Der zur Freitreppe hin französisch anmutende Park mit See und Schwan bietet ein ideales Fotomotiv. Der wildere englische Teil birgt die Magdalenenkapelle. Die Frau des Türkenlouis, Markgräfin Sibylla Augusta, ordnete seinen Bau 1710 an; die Fertigstellung des vom böhmischen Architekten Johann Michael Ludwig Rohrer entworfenen Schlosses wurde 1725 mit einem rauschenden Fest gefeiert. Italienische Handwerker besorgten die Einrichtung: seltene italienische Böden, seidene Wandbespannungen, Lüster und Halbedelsteinintarsien in prunkvollen Räumen, dazu eine seltene Sammlung ganz frühen Meißner Porzellans. Frivol der Kopf auf der Brunnensäule vor dem Südportal. War der türkische Leibdiener Hassan das Vorbild für die Statue und womöglich mehr als nur ein Diener für seine Herrin? Der Hofklatsch war damals ebenso beliebt wie heute.

Das Sommerschlösschen erinnert an die böhmische Heimat Schlackenwerth, wo die Markgräfin ihre Jugend verbracht hat. Die Kieselputzfassade wirkt zumindest fremdartig, und das bunte Innere mit Stuckmarmor, kostbaren Leder- und Seidentapeten sowie edlen polierten Möbeln mit Einlegearbeiten atmen südliches Flair. Ein ganz besonderer Reiz geht von den kleinen Räumen mit den geschnitzten Konsolen aus, die stilvoll chinesische Porzellane und abendländische Fayencen in Szene setzen, die damals leidenschaftliche Begeisterung hervorriefen. All das ist heute nur im Rahmen einer Schlossführung zu besichtigen. Ebenso die lebensechte Darstellung der Heiligen Familie – bekleidete hölzerne Puppen mit Händen und Gesichtern aus Wachs, die an Madame Tussauds erinnern. Sie sitzen bei Tisch, und die Markgräfin Sibylla Augusta soll sogar mit ihnen gegessen haben. War sie verrückt oder hatte sie nur ein schlechtes Gewissen? Auf einer Bodenplatte im Eingangsbereich der Schlosskirche, unter der sie 1733 begraben wurde, findet man jedenfalls die Worte: „Betet für die große Sünderin Augusta!"

ADRESSE: Am Schloss Favorite 5, 76437 Rastatt-Förch,
➜ *www.schloss-favorite-rastatt.de*. **TIPP:** Schloss und
Schlossgarten waren Drehort für den Märchenfilm „Der
Froschkönig", den die ARD 2008 ausstrahlte.

62 FRAUENALB UND MARXZELL

Klosterleben und Automobilgeschichte

Die Fahrt von Ettlingen nach Bad Herrenalb durchs Moosalbtal, wahlweise mit Auto, Stadtbahn, Fahrrad oder gelegentlich mit der historischen Dampflok, hat etwas Geheimnisvolles, besonders bei Dämmerlicht oder herbstlich-nebligem Wetter. Das Tal ist eng und die Straße schlängelt sich parallel zur segensreichen Stadtbahn, die direkt vom Karlsruher Marktplatz kommt, gerade mal so durch. Links der Berg, rechts liegen einst stolze, jetzt teilweise verlassene oder zweckentfremdete Industrieanlagen. In diese Szenerie passt das Kloster Frauenalb hervorragend. Kloster ist insofern der falsche Ausdruck, als nur noch eine Ruine an das einstige Benediktinerkonvent erinnert, das 1158 von Eberhard III. von Eberstein gegründet wurde. Es geht über eine kleine Brücke, dann steil ein kurzes Bergsträßchen empor und schon erliegt man dem Zauber eines verwunschenen Ortes. Die ausgebrannten Mauern und eingestürzten Gewölbe sind die Reste der ehemaligen Klosterkirche, die kein Geringerer als der berühmte Rokoko-Baumeister Peter Thumb 1727 begonnen hat und die mit reicher Ausstattung 1733 geweiht wurde. Doch dann begann die Zweckentfremdung. 1803 mussten die Benediktinerinnen ausziehen, und in der Kirche wurden eine Tuchfabrik und eine Brauerei eingerichtet. 1853 fiel das Gebäude einem Brand zum Opfer; die Doppelturmfassade, die von Zwiebelhelmen mit Laterne gekrönt war, ist noch erhalten.

Im Sommer finden in der Klosterruine mit ihrer hallenden Akustik vielbesuchte Konzerte statt. Gegenüber ist das Gartenhaus erhalten, das den Höhepunkt eines hübschen Rokokogartens bildet, der sich mit Treppen und Terrassen beinahe südlich anmutend den steilen Hang hinaufzieht.

Einen nostalgischen Reiz, wenn auch ganz anderer Art, verbreitet das privat geführte Fahrzeugmuseum in Marxzell, das einen Besuch lohnt, will man eine Reise in die eigene Kindheit antreten. Auf über 3600 Quadratmetern Ausstellungsfläche hat sich eine ganze Menge angesammelt: 140 Autos, 170 Motorräder, 23 Traktoren, 16 Feuerwehrautos, Puppenstuben, alte Schilder, Fahrräder und vieles mehr.

ADRESSE: Albtalstraße 2, 76359 Marxzell, ➜ *www.fahr-zeugmuseum-marxzell.de.* **TIPP:** Informationen zu Führungen durch das ehemalige Kloster Frauenalb gibt die Gemeindeverwaltung unter 0 72 48 / 91 47 - 15.

63 DURMERSHEIM

Wallfahrt zur Wegkreuzung

Schnellstraßen und Wallfahrtskirchen – das scheint auf den ersten Blick nicht zusammenzupassen. So könnte es auch im Fall von Maria Bickesheim sein. Doch die B36, die ziemlich schnurgerade auf Rastatt zuläuft, stört die Ruhe nicht. Im Gegenteil: Sie führt den Pilger am Ortseingang von Durmersheim ganz entspannt zur Wallfahrtskirche Maria Bickesheim.

Eine Kirche stand dort wohl schon seit dem 8. Jahrhundert, und belegt ist eine Holzkapelle an dieser Stelle um das Jahr 1000, wohl dazu gedacht, den fahrenden Händlern der damaligen Zeit Rast zu gewähren. Ausnahmsweise steht hier übrigens keine Legende am Beginn der Wallfahrt, mit der bis heute der dreimal jährlich stattfindende traditionelle Bickesheimer Jahrmarkt verbunden ist. Der Standort der damaligen Kirche war wohl eher der Tatsache geschuldet, dass sich an dieser Stelle für den mittelalterlichen Reisenden wichtige Straßen kreuzten, nämlich die vom mächtigen elsässischen Weißenburg nach Pforzheim und die von Baden-Baden nach Mainz. Ursprünglich siedelten hier die Römer und die Kelten, denen die Franken folgten, die auch die Kapelle „Maria an der Wegkreuzung" errichteten. Anlässlich der Vermählung des badischen Markgrafen Rudolf und der Markgräfin Kunigunde von Eberstein, die um das Jahr 1240 gefeiert wurde, erlebte die Kapelle ein „Upgrading" zur Kirche, wie man neudeutsch sagen würde. Der Name Bickesheim, in einer Urkunde „Bugchenesheim" genannt, verweist wohl auf vier Knechtshöfe bei Durmersheim, die der Abt vom Kloster Weißenburg im Elsass gespendet hat. Die großen Höfe starben bei der großen Pestepidemie um 1600 aber aus. An der Kanzelsäule ist das erste badische Wappen der Markgrafen als Erinnerung an die Zeit der Weihe erhalten. In der Kirche selbst finden sich wertvolle Fresken aus dem 13. Jahrhundert. Die Wallfahrtskirche hat alles überstanden: Kriege, die Reformation und die enormen gesellschaftlichen Veränderungen. Sie ist auch heute noch ein lebendiges Zentrum für Gläubige und Hilfesuchende. Seit 1920 betreuen die Redemptoristen die Wallfahrt. Viele Menschen, die – bildlich gesprochen – an einer Wegkreuzung stehen und wichtige Lebensentscheidungen treffen müssen, suchen Hilfe in Maria Bickesheim.

ADRESSE: Hauptstraße 151, 76448 Durmersheim, → *www.durmersheim.de*. **TIPP:** Der PAMINA-Planetenweg zeigt die Größe des Sonnensystems im Maßstab eins zu einer Milliarde.

64 PFORZHEIM

Goldstadt mit reicher Tradition

Auf den ersten Blick ist die Stadt keine Perle in der Kette der schönsten oder bedeutendsten badischen Städte. Doch es lohnt sich, Pforzheim, in dessen Weichbild sich, symbolisch im Drei-Flüsse-Brunnen dargestellt, die drei Schwarzwaldflusstäler von Enz, Nagold und Würm vereinigen, einen Besuch abzustatten. Immerhin haben Markgraf Karl von Baden und Herzogin Katharina von Österreich hier auf dem Marktplatz im Jahr 1447 mit einem pompösen Festmahl ihre Hochzeit gefeiert. Sie würden ihre Stadt aber nicht mehr wiedererkennen. Pforzheim, dessen größter Sohn der Sprachforscher Johannes Reuchlin war und das dem wegen Hochverrats gevierteilten Maler Jerg Ratgeb 1525 zum Schicksal wurde, widerfuhr im Zweiten Weltkrieg die nahezu vollständige Zerstörung. Heute ist das aber alles anders. Höhenzüge und Waldgebiete umgeben Pforzheim und sorgen gerade im Sommer für angenehmes Klima. Mitten in der Stadt thront die Schlosskirche, in deren Grablege sich unter anderem der Reisesarg der Großherzogin Stefanie, Napoleons Tochter, befindet. Viele Rätsel und Gerüchte ranken sich um die Särge ihrer früh verstorbenen Söhnchen, einer von ihnen soll angeblich als Kaspar Hauser wieder aufgetaucht sein.

Wer über Pforzheim als nur halb-badisch spottet, da Zungenschlag und Name ein wenig schwäbisch anmuten (Ferdinand Oechsle, der Erfinder der Weinwaage, war Goldschmied in „Pforze"), dem mag man entgegenhalten, dass die Stadt immerhin vorübergehend Residenz der Markgrafschaft Baden war und auch später von Markgraf Karl Friedrich gefördert wurde. Als er 1767 das Privileg für die Bijouterie-Manufaktur gewährte, um den Export anzukurbeln, tat er ihr einen Gefallen, der bis in unsere Zeit hineinreicht. Schmuck- und Goldstadt nennt man Pforzheim. Diese Attribute haben einen guten Klang, und tatsächlich kommt man in Pforzheim am Schmuck kaum vorbei. Sogar auf dem Weg von der und zur Autobahn locken Goldhändler. Seriöser ist da schon das Reuchlinhaus mit dem einzigartigen historischen Schmuckmuseum und den hier ausgestellten Pretiosen aus aller Welt. Von keltischen Broschen bis zu ägyptischen Ringen wie dem des Pharao Amenhotep gibt es hier viel zu sehen.

ADRESSE: 75158 Pforzheim, ➜ *www.pforzheim.de.*
TIPP: Der Pforzheimer Einwohner wird im Volksmund „Seckel" genannt. Aber Vorsicht: „Halbseckel" ist eine böse Beleidigung, auf die man eine entsprechende Reaktion erwarten kann!

65 ETTLINGEN

Historische Stadt an der Alb

Ettlingen, zwischen Rheinebene und dem Beginn des Nordschwarzwaldes gelegen und damit vom erfrischenden Wind namens Albtäler aus der feuchten Schwüle der Karlsruher Niederungen befreit, ist ein kleineres Baden-Baden, und das ohne Schickimickis. Eine Behauptung, die vielleicht nicht alle Ettlinger erfreut, vor allem nicht jene, die im vornehmen, mit teuren Villen gespickten Hangviertel Vogelsang leben und die in der blankgeputzten, bilderbuchhübschen Innenstadt in den noblen Boutiquen und erlesenen Delikatessengeschäftchen einkaufen. Doch fehlt der hübschen, in den 1970er Jahren liebevoll objektbezogen restaurierten Kleinstadt das leicht Morbide, das manche Winkel Baden-Badens charakterisiert.

Wie so viele Städte wurde Ettlingen, das schon zur Römerzeit bewohnt war – bewiesen durch Reste einer antiken Heißluftheizung unter der 1733 erbauten Martinskirche – im Pfälzischen Erbfolgekrieg bis auf wenige Gebäude zerstört. Doch ist es hier gelungen, die Atmosphäre wiederherzustellen: Entschleunigte Gassen, Madonnen an den Fassaden, malerische Winkel hinter der Stadtmauer, die Brunnen – darunter der älteste Narrenbrunnen Südwestdeutschlands aus dem Jahr 1549 mit einer Darstellung von Hans von Singen – und das barocke Rathaus in seinem roten Sandsteinkleid. Ettlingen feiert gern. Beim Altstadtfest sowie beim beliebten Sternlesmarkt schieben sich die Besucher durch den Durchgang des Wehrturms, der die Brücke über die zu diesem Anlass beleuchtete Alb seit dem 13. Jahrhundert bewacht, auf den Marktplatz mit den schönen Häusern.

Das Ettlinger Schloss, im Barockstil auf den Ruinen einer Vorgängerburg im Auftrag von Markgräfin Sibylla Augusta von Johann Michael Ludwig Rohrer erbaut, ist ein prachtvoller dreigeschossiger Vierflügelbau. Die farbenfrohe Fassade des Südflügels wurde vom italienischen Hofmaler Lucca Columba geschaffen. Die als Konzertsaal genutzte Schlosskapelle weist monumentale Deckengemälde von Cosmas Damian Asam aus München auf und ist gewiss eine der schönsten Hofkirchen Deutschlands. Im Schloss besuchenswert: Das Albgaumuseum. Und danach heißt es: Ab ins Café vor dem Schloss und sich ein bisschen wie im Süden fühlen!

ADRESSE: Schlossplatz 3, 76275 Ettlingen, ➜ *www.ettlingen.de*.
TIPP: Im Sommer finden vor historischer Kulisse im Schlosshof die überregional bekannten Schlossfestspiele statt. Eintrittskarten sollte man sich früh genug sichern.

66 RHEINSTETTEN

Baden – Pfalz. Und zurück.

Am Wochenende stehen die Autos bis zum Hochwasserdamm. Familien mit Kühltaschen und Rentner mit Stühlchen und Rätselheftchen streben das Rheinufer an und lassen sich für einen ganzen Tag daran nieder. Das ist Urlaub zu Hause und für den Touristen ein Moment, um einfach mal abzuschalten und die unter holländischer oder schweizer Flagge dahingleitenden Schiffe auf dem Rhein zu zählen und ihnen zuzuwinken. Irgendeiner winkt immer zurück. Man kann im traditionsreichen Restaurant „Zollhaus" einkehren und an einer Bude Pommes essen, mit dem Hund endlos rheinabwärts laufen, die Altrheinarme mit ihren Vogelwelten erkunden oder einfach nur auf einer Bank sitzen und den glucksenden Wellen des Stromes zuschauen.

Genügt das noch nicht, so lässt sich hier trefflich das Bundesland wechseln. Ohne Stau, ohne lange Anfahrt – denn die eine einzige Rheinbrücke von Karlsruhe nach Wörth ist regelmäßig verstopft. Dann strömen sie auf die Fähre „Baden-Pfalz", die 16 Fahrzeuge und 200 Personen transportieren kann und der dritte emsige Bote entlang des Rheins ist, der zwischen den beiden Bundesländern verkehrt. 2004 kam die Rheinfähre noch unter anderem Namen aus Leimersheim, nachdem sein Vorgänger nach Moldawien verkauft wurde. Das Fährschiffchen, das sich immer irgendwie zwischen den großen Rheinschiffen hindurchtasten muss, verbindet den Rheinstettener Stadtteil Neuburgweier mit dem pfälzischen Geschwisterort Neuburg.

Drüben auf der Pfälzer Seite ist es stiller. Die badischen Radfahrer verlassen das Schiff, Minuten später steigen sie wieder in den Sattel und ab geht's bis nach Wissembourg im Elsass. Eine herrliche Tagestour und ein preiswertes Familienvergnügen. Für die Stadt Rheinstetten, die sich aus den Stadtteilen Mörsch, Forchheim, Silberstreifen und Neuburgweier zusammensetzt, ist die Fähre durchaus eine Attraktion, denn gerade die von oftmals schwüler Wärme geplagten Karlsruher zieht es abends hinaus an den Rhein und zur Fähre, die mit dem Schiff der dritten Generation nun auch ganzjährig verkehrt.

ADRESSE: 76287 Rheinstetten, → *www.rheinstetten.de*.
TIPP: Im Sommer laden Epple- und Fermasee zum entspannten Badevergnügen ein.

67 KARLSRUHE

Wie ein Fächer aufgebaut ...

Die badische Residenz Karlsruhe wird 2015 erst 300 Jahre alt und ist deshalb inmitten der vielen uralten badischen Städte so etwas wie ein Küken. Aber ein Küken, das sich herausgemacht hat. Die Stadt, welche die beiden höchsten deutschen Gerichte beheimatet, buddelt derzeit an einer U-Bahn, was Behinderungen im Verkehrsgeschehen mit sich bringt, die einiges badisches „Bruddeln" hervorrufen. Doch das supermoderne, in einer alten Waffenfabrik untergebrachte Zentrum für Kunst und Medientechnologie (ZKM) kann man mit dem vielgerühmten Karlsruher Straßenbahnnetz erreichen, ohne die Innenstadt zu berühren. Dort versammelt sich die Elite der modernen audiovisuellen digitalen Kunst. Mit Sonderausstellungen und Veranstaltungen zieht das Museum, das entfernt ans Centre Pompidou erinnert, Künstler, Philosophen, Internetfreaks und Schulklassen an. Für einen Besuch sollte man viel Zeit einplanen, es gibt hier nämlich sehr viele interaktive Attraktionen zu bestaunen.

Wer es nicht ganz so modern mag, ist mit der vornehmen Dreiflügelanlage des Karlsruher Schlosses gut bedient, die von Albrecht Friedrich von Keßlau, einem Schüler des Pariser Architekten Philippe de La Guêpière, geschaffen wurde. Vom 42 Meter hohen Schlossturm aus schweift das Auge im Norden über den dichten Hardtwald, im Süden über die einmalige fächerförmige Anlage der Stadt, deren Straßen strahlenförmig auf das absolutistische Zentrum zulaufen. Von einem im Hardtwald verlorenen Fächer soll Bauherr Markgraf Karl Wilhelm geträumt haben; er gründete 1715 hier seine neue Residenz und siedelte in der Folge Zulieferer in kleinen roten Häuschen an, weswegen Karlsruhe früher auch „rote Stadt" genannt wurde. Sehenswert im Schloss, das zerstört und nach dem Zweiten Weltkrieg originalgetreu wieder aufgebaut wurde, ist das Badische Landesmuseum. Rund um das Schloss gruppieren sich die herrlichen Bauten von Heinrich Hübsch: Orangerie und Kunsthalle, welche, 1846 eröffnet, eine der ältesten ihrer Art in Deutschland ist. Der erste Schlossherr liegt auf dem Marktplatz in einer Pyramide begraben, sein Enkel, der spätere Großherzog Karl Friedrich, verschaffte Stadt und Schloss Bedeutung im Konzert der deutschen Staaten.

ADRESSE: ZKM: Lorenzstraße 19, 76135 Karlsruhe,
→ *www.zkm.de*. Schloss: → *www.landesmuseum.de*.
TIPP: Nach einem Besuch des Landesmuseums im
Karlsruher Schloss empfiehlt sich ein ausgedehnter
Spaziergang im Schlossgarten.

68 DURLACH

Karlsruhes Mutter

Wem die planmäßige Fächerstadt Karlsruhe zu modern oder zu rational ist, dessen Ziel muss das 1938 eingemeindete Durlach sein, einst eine Zähringer-Residenz und viel bedeutender als Karlsruhe. Dort findet sich alles, was das auf Romantik und kleine verwinkelte Gässchen gepolte Touristen-Herz begehrt. Die Beliebtheit der reich mit urwüchsigen, durchaus aber auch edleren Restaurants ausgestatteten Altstadt von Durlach sieht man alljährlich beim Altstadtfest, das die kleine Vorstadt von Karlsruhe fast aus allen Nähten platzen lässt.

Zentrum der Altstadt ist die Karlsburg, ein Renaissancebau, der von 1565 bis 1715 – vor dem Bau des Karlsruher Schlosses – der Palast der Markgrafen von Baden-Durlach war, nachdem Karl II. von Pforzheim hierher umgezogen war. In der Karlsburg und dort im sogenannten Prinzessinnenbau, vor dem im Dezember ein höchst romantischer Weihnachtsmarkt stattfindet, ist das sehenswerte, weil erfrischend bodenständige Pfinzgaumuseum untergebracht, das die Durlacher Geschichte anschaulich macht. In räumlicher Nachbarschaft befindet sich das Karpatendeutsche Heimatmuseum. An schönen Tagen, vor allem im Herbst mit den Farbenspielen der Bäume ungeheuer reizvoll ist der 256 Meter hohe Turmberg, der einen Ausflug unbedingt lohnt, und zwar auch wegen des gigantischen Blicks über Karlsruhe hinweg bis ins Elsass und in die Pfalz. Der Berg lässt sich erwandern oder mit dem Auto einnehmen, doch am originellsten ist gewiss der Aufstieg mit der 1888 eingeweihten Turmbergbahn, die als älteste Standseilbahn Deutschlands 100 Meter Höhenunterschied und 315 Meter Strecke in drei Minuten überwindet. Der Aussichtsturm auf der Bergkuppe, einst Wohn- und Schutzturm einer Burg, auf der schon im Hochmittelalter die Pfinzgaugrafen lebten, hat die Verwüstungen von 1689 überlebt und steht heute als Besuchermagnet stolz da, auch wenn von der einstigen Burganlage nicht mehr viel zu sehen ist. Er ist begeh- und bekletterbar, und auf der obersten Plattform angekommen, hat sich die Anstrengung gelohnt. Das Turmberggebiet begeistert die Besucher mit Restaurants, Kinderspielplätzen, Biergärten sowie ausgebauten Wanderwegen.

ADRESSE: 76227 Karlsruhe, ➜ *www.durlach.de*.
TIPP: Jährlich im Juli findet das gut besuchte Durlacher Altstadtfest statt.

69 GOLDKANAL UND PAMINA RHEINPARK
Natur pur entlang des Oberrheins

In Baden reisen heißt immer auch: an Ländergrenzen stoßen. An solch eine Grenze stößt der Reisende, der den Goldkanal aufsucht und sich nicht nur an einem vielbesuchten Naherholungssee, sondern gleichzeitig auch an einer Station im PAMINA-Rheinpark wiederfindet. Was er zuerst vielleicht gar nicht weiß. Er kommt natürlich nicht, um Flussgold zu gewinnen, wie man es in den 30er Jahren versucht hatte – heraus kam im Wesentlichen nur Kies, und auch heute noch ist der größte Baggersee Baden-Württembergs eine mit dem Rhein verbundene Kiesgrube – sondern um sich als Schwimmer, Kanufahrer, Angler und Segler dem Wassersport zu widmen. Die Abende auf der Restaurantterrasse mit Blick auf den stiller werdenden See und auf das Naturschutzgebiet Silberweidenwald sind ein Naturerlebnis und erinnern an Urlaube in Skandinavien, wo Respekt vor der Natur kein leeres Wort ist. Auch hier sind Auenwald, Ufer- und Flachwasserzonen und die windgeschützte Bucht südlich der Murginsel Heimat für seltene Wasservögel wie die Krickente, den Haubentaucher und den Flussuferläufer. Am Westufer wird der Baum des Jahres 1999, die Silberweide, wieder heimisch gemacht.

Der grenzüberschreitende Rheinpark vereint die Region Südpfalz, den Mittleren Oberrhein westlich von Rastatt und das Nordelsass unter folgendem Motto: Was für eine Bedeutung hat dieser Fluss für unsere Kultur hüben und drüben gehabt? Wie haben sich die Dörfer, die kleinen Städte und die Menschen an die Gegebenheiten des Rheins angepasst? Ein räumliches Museum auf 850 Quadratkilometern zwischen den Orten Rheinmünster-Greffern, Leimersheim und Eggenstein-Leopoldshafen sowie Drusenheim im Elsass zeigt dies mit Naturschutzzentren, die nicht an der Landesgrenze halt machen, mehr als zehn Museen und über 60 Stationen am Wegesrand und entführt uns auf eine naturhistorische Abenteuerreise durch die Oberrheinregion. Diese Landschaft im Herzen Europas ist überdies ein Paradies für Radwanderer, die mit den Fähren von Neuburgweier und Leimersheim ganz einfach Land und Leute wechseln können.

➜ *www.pamina-rheinpark.org*. **TIPP:** Das Museum im Haus Krumacker im französischen Seltz zeigt die Ortsgeschichte bis zurück in die Bronzezeit.

70 KNITTLINGEN

Fauststadt im Kraichgau

Auf den ersten Blick würde man dem Städtchen Knittlingen nicht zutrauen, dass hier ein Mann das Licht der Welt erblickte, der sie im wahrsten Sinne des Wortes „verzauberte". Was im ebenfalls badischen Staufen bei einem alchemistischen Experiment endete, begann 1480 in Knittlingen: Johann Georg Faust wurde dort als Sohn einer Magd vom nahegelegenen Elfingerhof geboren. Sein Geburtshaus – heute in Privatbesitz – steht neben der Stadtkirche an einem stillen und authentisch wirkenden Platz. Man kann sich gut vorstellen, wie der aufgeweckte Junge hier im ausgehenden Mittelalter seine ersten Eindrücke sammelte. Viel biographisch Belegtes ist nicht über den Magier und Heiler, den Scharlatan und Lehrer bekannt, und doch haben ihn die Größten literarisch verewigt. Johann Wolfgang von Goethe und Shakespeares Zeitgenosse Christopher Marlowe sind nur zwei davon. Faust hat die Menschen fasziniert. Er konnte sich irgendwie durchschlagen auf seiner unsteten Wanderschaft, die im kleinen Städtchen Knittlingen begann, das ihm bis heute alle zwei Jahre das Faust-Stadtfest widmet.

Das Faust-Museum ist in einem herausragend schönen Fachwerkhaus aus dem 18. Jahrhundert untergebracht. Es zeigt dem Besucher alles, was er schon immer über Faust wissen wollte, und vielleicht sogar noch ein bisschen mehr. Neben den Zeugnissen über die historisch belegte Figur des Dr. Faust sieht man in den Vitrinen, was die Volksseele aus der charismatischen Gestalt alles gemacht hat. Volksbücher, Puppenspiele, Filme und natürlich die literarischen Spuren, die er hinterlassen hat. Musik, Theater, Film – alles wird in Plakaten, Programmheften oder Notenblättern dokumentiert. Doch ein relativ neu erworbenes Ausstellungsstück fasziniert vielleicht am meisten. Seit 2010 ist der weltweit einzigartige sogenannte Giftschrank aus dem Geburtshaus des Johann Georg Faust im Museum für jeden zu sehen. Aus Nussbaumholz, sternenförmig und mit magischen Symbolen verziert. Niemand weiß, wie alt dieses geheimnisvolle Mobiliar ist. Der Fantasie sind keine Grenzen gesetzt.

ADRESSE: Faust-Museum, Marktstraße 19, 75438 Knittlingen, ➜ *www.knittlingen.de*.
TIPP: Alle zwei Jahre findet in der Altstadt das Faust-Stadtfest statt.

71 BRETTEN

Hier ist der Hund der Star

Die Geschichte ist nicht ganz einzigartig: Dass Einwohner einer belagerten Stadt versuchen, den vor den Toren lauernden Feind zu täuschen, indem sie so tun, als gäbe es noch jede Menge zu essen, kam einst häufiger vor. So auch in Bretten, einst Bretheim, einer uralten fränkischen Siedlung. Doch hier hat man es nicht bei einer Stadtepisode belassen, sondern dem fett gemästeten Hund, der zu den Belagerern geschickt wurde, ein steinernes Denkmal gesetzt. Heute thront er auf der Säule eines mit Blumen geschmückten Brunnens. Schwanzlos, denn die Mannen des Herzogs Ulrich von Württemberg, die 1504 während des bayerischen Erbfolgekriegs die Stadt einnehmen wollten, schnitten dem Mops aus Zorn den Schwanz ab und schickten ihn zurück. Glücklicherweise war es der Hund, der die Täuschung versuchte, und nicht das übergroße Hinterteil der Frau Bürgermeister, wie manchmal kolportiert wird. Man stelle sich *das* Denkmal vor.

Der Kampf gegen Herzog Ulrich ist auch das Leitmotiv eines der größten und farbenprächtigsten Feste der gesamten Region. Sonderstraßenbahnen rollen aus Karlsruhe an, alle Parkplätze sind besetzt: die Stadt Bretten, Mittelpunkt des Kraichgaus, brodelt. Die Rede ist vom Peter-und-Paul-Fest – einem unglaublichen historischen Spektakel, das inmitten der Gassen, rund um den Marktplatz mit den vielen alten, schönen Fachwerkhäusern, stattfindet. Die wiederhergestellte Stadtmauer und das 1788 errichtete prachtvolle Rathaus bieten eine filmreife Kulisse für dieses Fest. In allen Straßen und Gassen sind Buden aufgestellt, Marketenderinnen, Bogenmacher, Büchsenmacher, Wahrsager, Musikanten, Seifensieder und Bettler bevölkern die Stadt. Sogar Kinder, ja auch Brettener Babys tragen Leinenkleidchen und Hauben und werden im Umzug neben Männern in Hellebarden und Musikanten mit Trommeln mitgeführt. Vorbei zieht der mittelalterliche Tross auch am Melanchthonhaus. Das Geburtshaus dieses großen Sohnes der Stadt Bretten, nach Luthers Tod geistiges Oberhaupt der deutschen Reformation, wurde in einem idealisierenden Stil wieder aufgebaut und 1903 seiner Bestimmung übergeben. Es beherbergt eine große Bibliothek mit Dokumenten von und über Philipp Melanchthon.

ADRESSE: Melanchthonhaus, Melanchthonstraße 1, 75015 Bretten, ➜ *www.bretten.de*. **TIPP:** Das Indianermuseum Bretten zeigt 4000 Ausstellungsstücke zu Geschichte und Gegenwart der Indianer in den Vereinigten Staaten. ➜ *www.indianermuseum-bretten.de*

72 **WEINGARTEN**
Auf ein Gläschen

Bei der hübschen Kleinstadt, zwischen Karlsruhe-Durlach und Bruchsal gelegen, ist der sympathische Name Programm: Seit mehr als 1200 Jahren wird Wein hier, in der größten Winzergemeinde Unterbadens, angepflanzt – es begann mit dem Fleiß der Benediktinermönche des elsässischen Klosters Weißenburg, die bereits um 900 am Kirchberg Reben des vinum francum anbauten. Später teilten sich weltliche und klerikale Obrigkeiten die Weinberge, und da der Ort seine Blütezeit als Exklave der Kurpfalz erlebte, mag mancher Schlossherr, aber auch Universitätsgelehrte in Heidelberg ein Glas „Weingartener" geleert haben. Auch heute genießt der häufig prämierte Weingartener Wein hohe Anerkennung.

Weingarten liegt in den sanften Ausläufern des Kraichgau, heute führt die B3 mitten durch den Ort, der bereits im Mittelalter an einer Durchgangsstraße lag. Zeuge dieser Zeit ist der Wartturm aus dem 16. Jahrhundert, ein mit Zinnen bewehrter Rundturm aus Gelbsandstein, der beweist: Hier begann das Geleit durch die kurpfälzischen Truppen auf der Straße Richtung Frankfurt, Nürnberg oder Basel. Von ihm aus hat man einen herrlichen Rundblick. Auch heute wäre es schade, den Ort nur zu durchfahren. Individuell restaurierte Fachwerkhäuser finden sich hier, so zum Beispiel ein Wohnhaus in der Bachstraße, in dem rein zufällig eine seltene, lebhaft kolorierte Stuckdecke entdeckt wurde – ein Beispiel barocker Wohnkultur in einem wohlhabenden, badisch-bügerlichen Weinort. Im Ortskern liegt das Walk'sche Haus, ein liebevoll restauriertes Fachwerkhaus im Fränkischen Stil mit steinernen Renaissancedetails an der Erdgeschossfassade, umgeben von einem Ensemble gut erhaltener Fachwerkhäuser. In dem stattlichen Haus, direkt am Wasser gelegen, sind heute ein Gourmet-Restaurant und ein Romantikhotel untergebracht. Der Walzbach fließt mitten durch die Kleinstadt, überspannt wird er von der Marktbrücke, die 1823 von Rheinbegradiger Johann Gottfried Tulla höchstpersönlich geplant wurde. Weingarten ist ein lebensfroher Ort und begeht ein traditionelles Weinfest, bei dem der hiesige Rebensaft in rauen Mengen fließt.

ADRESSE: Walk'sches Haus, Marktplatz 7, 76356 Weingarten,
→ *www.weingarten-baden.de*. **TIPP:** Der Weingartener Wein-
wanderweg führt zu herrlichen Aussichtslagen mit einem weiten Blick über die Gemeinde und die nähere Umgebung.

73 SCHLOSS GONDELSHEIM

Fast wie in England

Auch abseits der ganz großen Barockschlösser im Badischen lassen sich Entdeckungen machen, gerade im ursprünglich gebliebenen Kraichgau, und manche davon sind besonders lohnend. Irgendwo in England wähnt man sich auf den ersten Blick in Gondelsheim, nicht nur wegen des mit seinem hellgrauen Stein angelsächsisch anmutenden Schlosses, sondern auch weil das umgebende Grün etwas unverkennbar Britisches atmet. Man könnte glatt den stilvollen Picknickkorb auspacken und auf das Wohl der Queen anstoßen. Anmutig ist auch der Brunnen im Garten vor der Schlossfassade mit den ausgelassen tanzenden Frauenfiguren.

Inmitten dieses Parks, der allmählich in einen Wald übergeht, sieht der Besucher erstaunt das sogenannte „schottische" Schloss vor sich. Die Eigentümerfamilie Douglas war schottischen Ursprungs. Sie hatte einen Umweg über Schweden genommen, bevor sie in den Wirren des Dreißigjährigen Krieges in Baden heimisch wurde. Mit seinen Zinnen und verspielten Türmen ist das Schloss ein romantisches Gebäude des Historismus und wurde 1857 im neugotischen Stil, der nicht zufällig an die Tudorschlösser angelehnt war, erbaut. Ein Fotomotiv ist auch das pittoreske neugotische Tor, ebenfalls mit kleinen Türmchen darauf.

Neben dem Schloss steht ein alter Bergfried, der Turm einer Wehrkirche, der die verheerenden Zerstörungen des 17. Jahrhunderts im Badischen überlebt hat. Die evangelische Kirche, die von Heinrich Hübsch, einem Schüler Weinbrenners, geplant wurde, vervollständigt das Trio an interessanten Gebäuden.

Heute ist das Schloss Gondelsheim Tagungsstätte und Veranstaltungszentrum. Es finden hier Open-Air Konzerte und Theateraufführungen statt. Ach ja, und very British: Auch stilvolle Hochzeiten, denn wo posiert es sich für eine Braut anmutiger als vor einem richtigen Schloss?

ADRESSE: Neibsheimer Straße 1, 75053 Gondelsheim,
→ *www.schloss-gondelsheim.de*. **TIPP:** Das Kulturzentrum
veranstaltet mehrere Criminal-Dinner pro Jahr: spannende
Unterhaltung mit Gruselfaktor.

74 MICHAELSBERG/UNTERGROMBACH

Fundort jungsteinzeitlicher Überreste

Auch die Heiden wussten schon, wo es schön ist. Doch liegt der Reiz des Michaelsbergs eigentlich in dem, was man nicht mehr sieht. Mit dem bloßen Auge sind die Überreste der jungsteinzeitlichen Siedlung, die es dort vor annähernd 5000 Jahren gegeben haben mag, nämlich nicht mehr zu erkennen. Fantasie ist also gefragt, um sich das befestigte Dorf auf der 272 Meter hohen Hügelkuppe vorzustellen, die wohl eine vorchristliche Kultstätte war. Eine Stütze für die Vorstellungskraft können die tulpenförmigen Tongefäße sein, die das kleine Restaurant auf der Kuppe des Berges, die Michaelsklause, neben anderen historischen Fundstücken ausstellt. Einer ganzen Kultur, der „Michelsberger Kultur", hat der Hügel mit der prachtvollen Fernsicht ihren Namen gegeben, und in der Archäologie ist er seit den ersten Ausgrabungen Ende des 19. Jahrhunderts international bekannt. Der heidnische Glaube wurde später durch den christlichen abgelöst, und so wurde dort oben eine Kirche errichtet, die urkundlich das erste Mal 1346 erwähnt wird. An ihrer Stelle steht heute ein barockes, dem Drachenbekämpfer Michael geweihtes Gotteshaus, das im 18. Jahrhundert vom Fürstbischof Damian Hugo Philipp von Schönborn in Auftrag gegeben wurde. Die neubarocken Deckengemälde zeigen den Erzengel im mutigen Kampf gegen allerlei Getier.

Doch nicht nur deshalb ist der Michaelsberg ein lohnendes Ziel. Wer in Serpentinen von Untergrombach kommend bergauf schwitzt oder die schmale Straße von Osten her wählt, wird belohnt mit einem atemberaubenden Panorama über die Rheinebene und bestaunt zugleich das Kaleidoskop unserer Zivilisationsgeschichte: Der Speyerer Dom muss es mit den Türmen des Kernkraftwerks Philippsburg aufnehmen. Das Großkraftwerk Mannheim gibt weißen Rauch hinzu. Die Berge des Nordschwarzwaldes und der Odenwald sind hier gleichzeitig zu sehen – so schön wie an keinem anderen Ort in Baden. Der Kult-Berg ist bei Teilnehmern von Meditationstreffs genauso beliebt wie als Ort zum Heiraten. Die Sage erzählt, die Babys würden vom Storch aus dem Kindlesbrunnen am Michaelsberg geholt – so ist auch gleich noch für den Nachwuchs gesorgt.

ADRESSE: Michaelsbergstraße , 76646 Bruchsal, ➔ *www.bruchsal.de*.
TIPP: Sehenswert sind die Michaelskapelle, die Erzengel-Michael-Statue und der Kindlesbrunnen. Auch eine Wanderung zum alten Jüdischen Friedhof lohnt sich.

75 BRUCHSAL

Lebensfrohe Barockstadt am Rande des Kraichgaus

Kaiser Otto mag ganz schön gefroren haben in seinem Königshof im Sumpf, dem „sal im Bruch", als er im Winter des Jahres 976 zwei Unterschriften unter ein Dokument setzte und damit Bruchsal ins Licht der Geschichtsschreibung katapultierte. Das mit dem Frieren ist nun vorbei, und nach Kasteiung steht den Bewohnern der lebensfrohen Stadt auch nicht der Sinn. Eher im Gegenteil. Das heiter an den Ausläufern des friedlichen Kraichgaus gelegene Bruchsal hat einen bedeutenden Gemüsemarkt, vor allem aber ist hier der größte europäische Umschlagplatz für Spargel, zu dem der Wein aus dem nahen Kraichgau als Begleiter bestens passt. Lebensfroh und trinkfreudig war die Stadt, die 1056 mal eben so als Geschenk an den Bischof von Speyer ging, wohl schon immer: Die Legende sagt den Bruchsalern nach, sie hätten ihren Wald verkauft, um Wein anzuschaffen, und für das prachtvolle Schloss, das Fürstbischof Damian Hugo von Schönborn 1720 plante, habe deshalb eigens Holz aus dem Schwarzwald herbeigeschafft werden müssen. Die weitläufige dreiflügelige Anlage, die insgesamt 50 Einzelgebäude umfasst, beherrscht das Stadtbild von Bruchsal noch heute und ist die einzige geistliche Residenz am Oberrhein.

Herzstück und zu Recht Besuchermagnet ist das sogenannte „Corps de Logis" mit seinen Rokokosälen, seinem einzigartigen, von Balthasar Neumann in barocker Pracht ausgestatteten Treppenhaus, den üppigen Ornamenten sowie dem Kuppelfresko, das von Johann Zick aus Würzburg gemalt wurde. Die Schlosskirche setzt einen modernen Gegenakzent: Die Kreuzwegtafeln unter dem Tonnengewölbe wurden von HAP Grieshaber entworfen. Sehenswert ist auch das Museum für Mechanische Musikinstrumente, das aus einer Stiftung von Jan Brauers hervorgegangen ist. Dieser hatte seine Sammlung zuvor in Baden-Baden an abgeschiedenem Ort gehütet. Der bekennende Lyra-Fan richtete die Kollektion von musikalischen Geräten ein, deren Mechanik auf der Uhrentechnik des Schwarzwalds basiert. Hunderte selbsttätig spielende Instrumente werden hier gezeigt – darunter auch jene Orgel, die zu spät fertig wurde und deshalb nicht auf dem Schiff landete, für das sie eigentlich bestimmt war: die „Titanic".

ADRESSE: 76646 Bruchsal, ➜ *www.bruchsal.de*. **TIPP:** Vom Belvedere aus, dem ehemaligen Schießhaus aus dem 18. Jahrhundert, hat man einen besonders schönen Blick über Schloss, Innenstadt und die Rheinebene.

76 OBERDERDINGEN

Die unbekannte Schönheit

Oberderdingen ist eine unbekannte Schöne, die gelassen im Schatten des benachbarten Weltkulturerbes Kloster Maulbronn, der Fauststadt Knittlingen sowie der Melanchthonstadt Bretten schlummert. Kommt man von Bretten, so lohnt sich gleich links der Straße ein Abstecher zum Rosengarten mit seinen mehr als 70 Rosensorten, die hier im frischen Kraichgauklima anscheinend prima gedeihen.

Im Ortskern kann man dann die Vergangenheit neu erleben. Der Amtshof, der fast mediterran anmutet, gehört mit seinen Nebengebäuden, mit Hexenturm, Kelter und stattlicher Zehntscheuer sowie dem romantischen Innenhof, der einen Blick auf eine Wiesenidylle am Ortsrand zulässt, zu den am besten erhaltenen klösterlichen Wirtschaftsgebäuden des Mittelalters und steht unter Denkmalschutz. Von hier aus verwaltete das Kloster Herrenalb seine Besitzungen im nördlichen Kraichgau. Vielleicht eine der hübschesten öffentlichen Bibliotheken befindet sich im Torwächterhaus mit Torbogen, an dem auch das Herrenalb'sche Wappen neben dem Württembergischen von Herzog Ulrich, der 1504 Derdingen besetzte, zu sehen ist. Der Ortskern von Oberderdingen besticht durch wunderschöne Fachwerkhäuser, die von Privatleuten – viele davon Künstler! – liebevoll saniert wurden. Im Aschingerhaus gedenkt man des seinerzeit berühmtesten Berliner Gastronomen August Aschinger, der im Schatten des Derdinger Horns geboren wurde. Überhaupt das Horn! Ein Spaziergang vom Ort aus über Streuobstwiesen zu dieser einmalig schönen, von der Natur geschaffenen Aussichtsplattform lohnt sich allemal. Wie eine Stufe erhebt es sich aus den Vorbergen und bietet einen Blick ins Bernhardsweiher Tal, in das Stromberggebiet und in den Kraichgau. Durch Straßenarbeiten hat man ein geologisches Fenster freigelegt, das einen neuen Blick auf die Schichtfolge des Mittleren Keuper gewährt, der vor 200 Millionen Jahren entstanden ist. Der untere Gipskeuper aus farbigen Ton- und Mergelschichten bildet auch den Untergrund der umliegenden Weinberge. Auf diesen gedeihen Trauben, mit denen sich ein hervorragender Rebensaft produzieren lässt, den man in den Besenwirtschaften von Oberderdingen genießen kann.

ADRESSE: 75038 Oberderdingen, ➜ *www.oberderdingen.de*.
TIPP: In einer ehemaligen Schafscheuer ist die Vinothek mit Weinshop untergebracht. Hier kann man sich über das Angebot der hiesigen Weingüter informieren.

77 KÜRNBACH

Ein Kraichgaudorf und seine „badische" Kelter

Wie ein Osternest liegt sie da, in der hügeligen Landschaft des Kraichgaus: Die kleinste Gemeinde im Landkreis Karlsruhe, ein reizender Außenposten der badischen Residenz, ist einen Abstecher wert. Noch dazu ist Kürnbach ein Dorf für Aussteiger und Künstler. Hier finden Bogenbauer, Maler, Autoren und Musiker noch bezahlbare, renovierungsbedürftige Fachwerkhäuschen, eng zusammengekuschelt um den kleinen Marktplatz. In dem überaus idyllischen und auf angenehme Weise unprätentiös restaurierten Weindorf findet der Tourist ursprüngliche Besenwirtschaften, wo er ein rustikales badisches „Veschper", einen hervorragenden Schwarzriesling und meist aufgeschlossene Tischnachbarn genießen kann. Empfehlenswert ist die alljährlich stattfindende Weinbergwanderung mit Verkostung der Kürnbacher Weine.

Kürnbach, Heimat der „Löfflerin", Verfasserin eines vielbeachteten Kochbuchs aus dem 18. Jahrhundert, ist ein altes karolingisches Dorf. Um 1287 wurde der Ort erstmals erwähnt, er war in seiner Geschichte immerhin Sitz mehrerer Adelsfamilien. Zudem machte eine historische Begebenheit ihn zum Unikum: Die Grafen von Katzenelnbogen nämlich vererbten 1479 einen Teil Kürnbachs an die Landgrafen von Hessen. Der andere Teil des Ortes war jedoch bereits 1320 an Württemberg gegangen. So gehörte das Dorf über mehrere Jahrhunderte hinweg staatsrechtlich zu zwei verschiedenen Territorien. 1810 trat Württemberg seinen Anteil an Baden ab, aber erst 1904 wurde das ganze Dorf zu dem, was es heute noch ist: badisch. Das ehemalige Kondominium zeigt sich noch heute in der Existenz zweier Keltern mit sprechenden Namen: Die „Hessenkelter" und die „Badische Kelter". Letztere wurde behutsam restauriert und seit 2005 besitzt die kleine Wein- und Obstbaugemeinde damit einen Veranstaltungsraum und im Ortskern ein kulturelles Zentrum. Diese Veränderungen sollen dazu beitragen, dem Schicksal der Verödung, das vielen gesichtslosen Dörfern droht, zu entgehen.

ADRESSE: 75057 Kürnbach, ➜ *www.kuernbach.de.* **TIPP:** Nehmen Sie an einer Weinprobe im Schwarzrieslingkeller des Weinhauses am Marktplatz teil.

78 GROSSVILLARS UND KLEINVILLARS

Kleine Stadtteile mit großer Geschichte

Macht man sich die Mühe zu suchen, so stößt man im Internet auf eine kleine, feine Ahnenforschergemeinde. Sie forscht nach Leuten mit Namen wie Jourdan, Jouvenal und Soulier, und immer wieder fallen bei ihren Versuchen, sich zu vernetzen, die Ortsnamen Großvillars und Kleinvillars.

Dabei handelt es sich um zwei Dörfer, heute Ortsteile von Oberderdingen und Knittlingen, die idyllisch im Kraichgau, dem „Land der 1000 Hügel" liegen. Ein Besuch lohnt sich, wenn man sich für die Geschichte dieser damals sehr erwünschten Gastarbeiter interessiert. Vielleicht haben Sie auch selbst einen entfernt französisch klingenden Namen? Hunold? Piston? Sogar der Name Burger kommt in Frage, denn er kann sich aus dem eingedeutschten „Bourgeois" herleiten. Vor über 300 Jahren siedelten das Herzogtum Württemberg und die Markgrafschaft Baden auf ihrem vom Dreißigjährigen Krieg verwüsteten und entvölkerten Gebiet etwa 3000 Menschen anderen Glaubens an ihrer Nordgrenze an – die sogenannten Waldenser. Sie kamen aus dem Piemont, wo sie sich ein Rückzugsgebiet geschaffen hatten, doch die Wurzel der Bewegung liegt in Lyon, wo sie allerdings als Häretiker von der Inquisition verfolgt wurden. In Baden gibt es sechs Waldenserdörfer, zwei davon sind die beiden Villars. Heute spricht man deutsch in den kleinen Ortschaften mit der so typischen langen Hauptstraße, die direkt auf die Kirche zuläuft; an ihrem Ende zweigen rechts und links zwei kürzere Seitenstraßen ab. Im 18. Jahrhundert fand der Unterricht noch in Französisch statt und seit 1932 ist offiziell auch das „Patois", die Umgangssprache der Waldenser, erloschen. Sie waren fleißige Landwirte und haben den Kartoffelanbau in den Kraichgau gebracht. Viele ihrer französischen Sprachreste sind im hiesigen Dialekt noch erhalten. Im 1699 gegründeten Großvillars gibt es seit 2005 in einem Handwerkerhaus von 1864/65 ein Waldensermuseum, wo anhand von Familienbibeln, Schriftstücken und Bildern einiges über die Geschichte dieser hochwillkommenen Einwanderer dargestellt ist. Einkehren kann man herrlich im von Pferdekoppeln und Wiesen umgebenen Waldenserbesen der Familie Vincon am Ortsausgang von Großvillars Richtung Oberderdingen.

TIPP: Das Waldenserhäusle in Großvillars präsentiert eine sehenswerte Waldenserausstellung. Geöffnet ist das Museum immer sonntags zwischen 14 und 17 Uhr. Informationen erteilt die Gemeindeverwaltung Oberderdingen unter 07045/43101.

79 EPPINGEN

Wo einst die Heidelberger Gelehrten Asyl fanden

Eppingen liegt zwar am Rande des Kraichgaus, doch so idyllisch umgeben von Feldern und Wiesen, dass man schon fast keinen größeren Ort mehr erwartet hätte, bevor man ins württembergische Heilbronn kommt. Die B293 führt von Karlsruhe schwungvoll nach Heilbronn, immer begleitet von der Stadtbahnlinie S4 aus Karlsruhe, die auch in Eppingen hält, wodurch das malerische Fachwerkstädtchen ein wenig präsenter geworden ist. Richtig bekannt ist es den Menschen der ehemaligen Residenzstadt Karlsruhe allerdings nicht. Nicht einmal durch den Wein, obwohl es eine recht bedeutende Weinbaugemeinde ist. Durch die Eingemeindung von Kleingartach besitzt Eppingen als badischer Weinort kurioserweise auch Weinlagen der GL Heuchelberg, die zum württembergischen Weinberggebiet gehört.

Eppingen hat sich im Kern wenig verändert, seit es im 13. Jahrhundert die Reichsstadtrechte erhielt und 1462 an die Kurpfalz fiel. Das Städtchen sieht noch fast aus wie auf einem alten Kupferstich von Matthäus Merian. Behutsam und geschmackvoll restauriert worden ist die Fachwerk-Idylle im Innenstadtbereich. Die alten Fachwerkhäuser in den malerischen, geschlossenen Gassen sind von Kitsch und Überflüssigem befreit worden und stehen in ihrer ursprünglichen Pracht im Stadtkern, so wie das Baumann'sche Haus von 1582 und die etwa aus der gleichen Zeit stammenden Gebäude der alten Post. Der Turmchor der Altstädter Kirche aus dem Jahr 1300 zeigt beachtenswerte gotische Wandmalereien. Doch Eppingen hat noch eine weitere Besonderheit zu bieten. Als 1564 die Pest ausbrach, die auch in Heidelberg wütete und mehrere Professoren und Studenten das Leben kostete, fassten die gebildeten Lehrer der berühmten Universität den Entschluss, sich in Sicherheit zu bringen, und wählten das nahe gelegene Eppingen aus. Dort bezogen sie ein Gebäude, das man noch heute die „Alte Universität" nennt und das heute ein Heimatmuseum beherbergt. Angesichts der Studentenmassen, die heute an den Universitäten eingeschrieben sind, ist es nur schwer vorstellbar, dass in diesem Fachwerkbau einst eine ganze Universität (und zwar eine von Weltrang) untergebracht war.

ADRESSE: 75031 Eppingen, ➜ *www.eppingen.de*.
TIPP: Das Heimatmuseum im Gebäude der Alten Universität hat von Mittwoch bis Sonntag jeweils von 14–16 Uhr geöffnet. Der Eintritt ist frei.

80 KARTBAHN LIEDOLSHEIM

Sprungbrett für spätere Weltmeister

Wer sich nicht in einen Formel-1-Wagen traut, könnte ja mal mit einem Kart anfangen. Allerdings können die kleinen Maschinchen auch bis zu 280 Stundenkilometer schnell fahren. Austesten lässt sich das in Liedolsheim. Schon von weitem sieht man, dass hier etwas Besonderes stattfindet, und auch die zahlreichen Autos, die scheinbar irgendwo „in der Pampa" parken, machen neugierig. Baden besteht eben nicht nur aus Schlössern, Burgen, Kirchen und Klöstern sowie Fachwerkromantik, sondern es gibt auch Dinge, die einfach nur Spaß machen. Eins davon ist gewiss die Outdoor-Kartbahn, wohl die größte in Europa, die vor allem am Wochenende Anziehungspunkt nicht nur, aber überwiegend für Väter mit ihren Söhnen ist.

Auch Große haben mal klein angefangen: Michael Schumacher hat hier Runden gedreht, und angeblich hat auch Sebastian Vettel hier Blut geleckt. Tatsächlich kommt echtes Formel-1-Feeling auf, alleine schon durch die Reifenstapel an den Begrenzungsmauern, die das Rundenziehen auf der sieben Meter breiten Fahrbahn zu einer sicheren Angelegenheit machen. Umgeben von Grünflächen gibt es auf der Piste ein paar durchaus anspruchsvolle Kurven, aber auch ausreichend Geraden zum Gasgeben, um dem Bahnrekord von derzeit 42,83 Sekunden näher zu kommen. Betrieben wird das Mini-Hockenheim seit 1966 vom Liedolsheimer Touring Club, der äußerst rührig ist und sich auch sonst allerhand einfallen lässt, um Gäste anzulocken. Neben Europa- und Weltmeisterschaften gibt es beispielsweise heiße Disko-Nächte, wo Amateurrennfahrer cooles Benehmen am lebenden (weiblichen) Objekt ausprobieren können. In der angeschlossenen Gaststätte gibt es auch andere Getränke als Magnum-Champagner, mit dem sich die echten Formel-1-Helden nach dem Sieg bespritzen. An der Rennstrecke können sich die Vorsichtigen 6,5 PS Karts und die Mutigeren 9 PS Karts zu moderaten Preisen ausleihen – sollte man nicht sein eigenes dabei haben. Vorsicht: Auf den Reifen kommt es an. Die schwächeren Fahrzeuge haben besser haftende Regenreifen, bei den profillosen Reifen kann man auf den 1060 Metern schon mal ausprobieren, wie es sich anfühlt, wenn der Belag feucht ist und der Reifen nicht so recht greifen will.

ADRESSE: Kartbahnring 1, 76706 Dettenheim, ➜ *www.kartbahn-liedolsheim.de.* **TIPP:** Spaß mit Nervenkitzel-Garantie: Laden Sie doch mal Ihren Partner zu einem Rennen ein!

81 RÖMERMUSEUM STETTFELD

Zeitreise in die Antike

Die badische B3 entlang zu gondeln anstatt Autobahn zu fahren, lohnt sich allemal, denn rechts und links winken kulturhistorische Entdeckungen. So auch in der kleinen Weinbaugemeinde Stettfeld zwischen Bruchsal und Heidelberg. Stettfeld, das erstmalig im 12. Jahrhundert im Hirsauer Codex erwähnt wurde und später an das Speyerer Stift fiel, hat aufgrund seiner fruchtbaren Lage noch eine weitaus ältere Geschichte zu bieten, die sogar in die vorgeschichtliche Zeit zurückgeht.

Die kleine Ortschaft ist die älteste Siedlung der Gemeinde Ubstadt-Weiher und war einst ein bedeutender Knotenpunkt in jenem ausgeklügelten Straßennetz, das die Römer über Germanien, so auch Baden, geworfen hatten. Eine der Wegstrecken verlief von Heidelberg nach Basel, und Unterbaureste dieser Straße wurden hier entdeckt und freigelegt. Doch die Stettfelder leben auch sonst auf geschichtsträchtigem Boden. Engagierte Häuslebauer können Überraschungen erleben. So kam beim Fundamentaushub eines Neubaus 1951 der Keller eines römischen Gebäudes zum Vorschein. Aus war es mit dem Hausbau. Der Keller steht natürlich unter Denkmalschutz und gilt nun als plastisches Beispiel provinzialrömischer Bauweise. Doch es kommt noch besser: 1977 ist beim Abbrechen eines Stalles ein 80 Zentimeter großer Herkules-Torso aus dem zweiten nachchristlichen Jahrhundert freigelegt worden, den man anschließend im Badischen Landesmuseum in Karlsruhe restauriert hat. Einer der größten römischen Monumentalbauten auf rechtsrheinischem Gebiet harrt noch der vollständigen Erforschung, ein emsiger Freundeskreis hat sich der Förderung dieser Aufgabe verschrieben. Im liebevoll gestalteten Römermuseum sind neben Keramik, Glas- und Metallfunden auch Plastiken aus Sandstein und Grabbeigaben zu bestaunen. Ausgegrabene Objekte wie Öfen und Heizsysteme sowie Alltagsgegenstände zeigen die fortgeschrittene Zivilisation der Römer. Das Museum in Stettfeld ist familien- und kinderfreundlich. Mitmachaktionen und Vorträge sowie der Einsatz neuer Medien bringen ein Stück Vergangenheit auf individuelle Weise näher.

ADRESSE: Lußhardtstraße 14, 76698 Ubstadt-Weiher,
➜ *www.roemermuseum-stettfeld.de.* **TIPP:** Das Römermuseum hat von Februar bis November sonntags
zwischen 10 und 12 Uhr und zwischen 14 und 17 Uhr
geöffnet.

82 EREMITAGE WAGHÄUSEL

Ein Rückzugsort für den Fürst

Es ist ein Glück für Nordbaden, dass Fürstbischof Damian Hugo Philipp von Schönborn so bauwütig war. Hat man ihm schließlich zusammen mit seinem Leib- und Magenarchitekten, dem aus Böhmen stammenden Johann Michael Ludwig Rohrer Schlossbauten in Förch bei Rastatt und Schloss Bruchsal zu verdanken.

Den Fürstbischof gelüstete es allerdings nach einem weiteren Rückzugsort für Jagd und Exerzitien, und so ließ er in der Nähe der seit 1473 existierenden Wallfahrtskirche in Waghäusel den Grundstein für eine Eremitage legen, ganz im Stil der französischen Architekturidee eines Hauptbaus umgeben von Pavillons. Der charakteristische kreuzförmige Grundriss stammt aus der Zeit von Schönborns Nachfolger Franz Christoph von Hutten, der Balthasar Neumann beauftragte, die Schmalseiten am Hauptbau um vier Flügel zu erweitern. Der insgesamt 16-eckige Zentralbau ist eine höchst originelle Lustschlossanlage, auch wenn sie zwischendurch zweckentfremdet war. Das ganze 13 Hektar große Gelände mit Schloss, Gebäuden, Gärten und Park wäre vielleicht sogar dem Abriss anheimgefallen, hätte die Badische Gesellschaft für Zuckerfabrikation es nicht 1837 gekauft und im Hauptbau des Schlosses ihr Verwaltungsgebäude eingerichtet. Doch wo gehobelt wird, da fallen Späne, und so wurden die barocken Innenausstattungen einer Modernisierung und Erweiterung des Baus geopfert, und zwar mitten in den Zwanzigerjahren des vergangenen Jahrhunderts, als Denkmalschutz noch ein Fremdwort war. Noch 1970 musste das Kavaliershaus einem Lagertank Platz machen!

Heute, nachdem die Südzucker AG das Schlösschen an die Gemeinde Waghäusel verkauft hat, versucht man mit viel Aufwand, das einmalige Ensemble zu restaurieren. Außen ist das bereits gelungen, die Innenrenovierung dauert noch an. Und siehe da: Schätze kommen zutage. So hat man Reste des Balthasar-Neumann-Treppenhauses gefunden und noch die alten Kacheln und Putzreste der Originalausstattung.

ADRESSE: Friedrich-Hecker-Allee, 68753 Waghäusel,
➜ *www.waghaeusel.de.* **TIPP:** Informationen zur Eremitage erteilt die Stadtverwaltung Waghäusel unter
0 72 54 / 20 70.

83 POSTMUSEUM RHEINHAUSEN
Die erste Postroute Europas

Am 14. Juli 1990 ereignete sich in der kleinen Gemeinde Rheinhausen, einem Ortsteil von Rheinhausen-Oberhausen, etwas Unglaubliches: Hoher Besuch hatte sich angesagt. Keine Geringere als die einstige Glitzerfürstin Gloria von Thurn und Taxis war zu Gast. Gemeinsam mit anderen Familienmitgliedern beging sie den 500. Geburtstag einer Institution, die wir heute als selbstverständlich ansehen und die durch E-Mails sogar fast aus der Mode zu geraten scheint: die Post.

Da die Stadt Speyer, die ursprünglich als Standort ausersehen war, sich nicht interessiert zeigte, vergab Kaiser Maximilian I. die Poststation mit Schreiben vom 14. Juli 1490 an Rheinhausen und hob damit die Reichspost offiziell aus der Taufe. Der verkehrsgünstig am Rhein gelegene Ort war eine Station auf dem Weg, den die Kurierpost von Innsbruck nach Mecheln bei Brüssel, der Heimat von Kaiserin Maria von Burgund, nahm. Mit der Organisation beauftragte Maximilian die oberitalienische Familie Taxis, die bereits Erfahrung mit der Postzustellung hatte und auch eine neue Form der effizienten Postzustellung entwickelte – die Estafette. An den engmaschig zusammenliegenden Stationen übernahmen frische Reiter und frische Pferde die Postsäcke, wodurch sich die Zustellzeit enorm verringerte. 1552 bauten die rührigen Taxis mit eigenem Geld die Poststation Rheinhausen aus und einige ihrer Familienmitglieder lebten auch dort als Verwalter. Zwar wurde die Station durch die Kämpfe um die benachbarte Festung Philippsburg mehrfach zerstört, doch immer wieder hartnäckig aufgebaut. Später war das Gebäude als Gasthaus zur Sonne ein populärer Treffpunkt für die Rheinschiffer, die Fuhrleute und die Besitzer der Fähre. Heute steht das Haus unter Denkmalschutz und ist im Besitz der Gemeinde. Noch immer erinnert es daran, wie romantisch das Postwesen einst war. Schon von der Hauswand grüßen ein gemalter Postillion zu Fuß und ein Postreiter mit Horn. Im Inneren sind viele Fotos, Urkunden, Briefmarken, Posthörner und andere Zeugen des früheren Briefwesens zu bewundern, aber ganz toll sind die alten schmiedeeisernen Briefkästen mit den hochherrschaftlichen Wappen und der verschnörkelten Schrift „Nächste Leerung".

ADRESSE: Hauptstraße 3, 68794 Oberhausen-Rheinhausen, ➔ *www.oberhausen-rheinhausen.de*. **TIPP:** Das Museum ist jeden zweiten Sonntag im Monat geöffnet. Informationen gibt es unter 0 72 54 / 12 19.

84 WALLDORF

Wo der reichste Mann der USA geboren wurde

Der Zusammenhang erschließt sich nicht unmittelbar: Auf der einen Seite ein Ort an der Autobahn A5, den viele Mittelbadener vor allem mit dem Besuch eines gewissen schwedischen Möbelhauses verbinden, und auf der anderen Seite purer Luxus, Glamour und Reichtum in New York und London – und noch dazu eine Partnerstadt in Amerika namens Astoria.

Johann Jakob Astor, ein emsiger Waldenserspross und gelernter Musikalienhändler, wurde 1763 in Walldorf geboren, doch er verließ seine badische Heimat bereits als 16-jähriger, um sein Glück ganz weit weg zu suchen. Als er 1848 hochbetagt in Amerika starb, hatte er ein astronomisches Vermögen mit teilweise eher windigen Geschäften verdient, ein Theater, den Namen für das Waldorf Astoria, die Astorbibliothek und ausreichend Nachwuchs hinterlassen. „For the poor of Walldorf" stiftete er 50 000 Dollar. Dafür wurde in seiner Heimatgemeinde ein Haus errichtet, das immerhin von Weinbrenner-Schüler Ludwig Lehndorff geplant wurde und nicht sehr wie ein Armenhaus aussieht, obwohl es tatsächlich im Astor'schen Sinne von 1854 bis 1937 für Bedürftige genutzt wurde. Heute kann man das schöne Gebäude besichtigen, für das eigens Materialien aus dem Kraichgau und dem Neckartal herbeigeschafft wurden. Neben dem Standesamt, diversen Seniorenwohnungen sowie einem Schülerhort gibt es darin ein Museum, das neben sozial- und regionalgeschichtlichen Exponaten auch Bilder, Dokumente und zeitgenössische Einrichtungsstücke des vermögenden Stifters zeigt.

Doch die Anzahl der „poor of Walldorf" mag sich heute sowieso in Grenzen halten, denn unübersehbar hat ein weiterer Multimillionär seine Zelte, besser gesagt, seine wuchernden Gebäudekomplexe in Walldorf aufgeschlagen und die Stadt zu einer der reichsten Europas gemacht. Die 1972 von fünf ehemaligen Mitarbeitern der IBM in Weinheim gegründete Firma „Systemanalyse und Programmentwicklung", kurz SAP, zog 1977 nach Walldorf und mauserte sich dort zu Europas größtem Softwarekonzern mit Standorten auf der ganzen Welt. Die Konzernleitung blieb aber in Walldorf.

ADRESSE: 69190 Walldorf, ➜ *www.walldorf*. **TIPP:** In der Hauptstraße steht eine Nachbildung des berühmten Sessels „LC 2" von Le Corbusier – aus Beton.

85 HOCKENHEIMRING

Auf der Jagd nach der schnellsten Runde

Nicht überall in Hockenheim, wo die berühmte Motorsport-Rennstrecke zu Hause ist, riecht es nach Benzin und verbrannten Reifen. Die Gemeinde ist auch bekannt für Tabak, Spargel und weite Erdbeerfelder, die zum Selbstpflücken einladen. Danach ein Frühlingsspaziergang auf den schier endlosen schnurgeraden Waldwegen der Hockenheimer Gemarkung, in guter Gesellschaft von unzähligen Joggern, Radfahrern, Spaziergängern und Hundehaltern. Zähe Typen, den New-York-Marathon vor Augen, trainieren gerne auf den flachen Sandwegen rund um die Rennbahn, und traditionsgemäß 54 Tage vor Weihnachten wird auf dem Hockenheimring der gleichnamige Lauf zur Beendigung der Sportsaison ausgerufen. Diese Zweckentfremdung einer Motorsportlegende ist nicht die einzige: Konzerte mit Größen der Rock- und Popmusik finden am Hockenheimring statt, die die Atmosphäre rund um den Ring zu Spitzenleistungen antreibt. Auf dem 4574 Meter langen Großen Kurs und dem 2604 Meter langen Kleinen Kurs führt der ADAC sinnigerweise Fahrsicherheitstrainings durch, und auch die Anti-Terror-Einheit des Bundesgrenzschutzes, die GSG 9, soll hier schon beim Ernstfall-Üben gesehen worden sein.

Der Hockenheimring ist ein Parcours mit Tradition. Am 29. Mai 1932 wurde die Strecke in Betrieb genommen. Seit 1970 wurden dort ganze 32 Mal Formel-1-Rennen mit Geschwindigkeiten bis über 300 Stundenkilometern ausgetragen. Zuletzt 2012. Spektakuläre Siege, dramatische Momente wie der tödliche Unfall von Jim Clark im Jahr 1968, Legenden und Kämpfe auf 67 Runden um jede Hundertstel Sekunde haben diese steigungsarme reine Asphaltrennstrecke und ihre treuen Fans geprägt. Doch heutzutage reicht das nicht mehr. Events müssen her. So kann sich der betuchte Zuschauer mit dem „Heli" anfliegen lassen, es gibt eine Künstlermeile und die Partys auf den Campingplätzen haben über die Region hinaus Kultstatus erreicht. Im Motor-Sport-Museum Hockenheimring lässt sich der Nervenkitzel in archivierter Form nacherleben. Dort warten mehr als 200 Ausstellungsstücke aus der Geschichte des Rings, der ja zunächst nur für Motorräder gedacht war.

ADRESSE: Am Motodrom, 68766 Hockenheim,
➜ *www.hockenheimring.de.* **TIPP:** Bei Formel-
1-Rennen oder größeren Konzerten richtet die
Hockenheimring GmbH einen Campingplatz in
der Nähe der Rennstrecke ein.

86 AUTO & TECHNIK MUSEUM SINSHEIM
Technik für Jedermann – und jede Frau

Es gibt tatsächlich ein Damen- und ein Herrenprogramm im Auto & Technik Museum Sinsheim! Während die Herren sich offenbar immer noch an den technischen Details der ausgestellten Autos ergötzen, seien es Formel-1-Veteranen oder sogenannte American Dream Cars, werden die Damen von einem Führer mit Episoden rund um das jeweilige Auto und seine Vorbesitzer gefüttert. Interessant sind diese Geschichtchen gewiss bei der Cadillac-Fleetwood- Limousine, die einst Dwight D. Eisenhower und später den bolivianischen Präsidenten Estenssoro herumkutschierte: Einschusslöcher, die man heute noch sehen kann, sorgen für Gänsehaut. Ebenfalls Gänsehaut und den Wunsch nach Haben-Wollen ruft der wunderschöne Archie SS31 Silberpfeil bei Motorradfans hervor. Das Kraftfahrzeug ist in all seinen Facetten gleichsam ein Leitmotiv für die ganze Anlage: Bunt gemischt stehen hier Schiffsmodelle, Boote, Lokomotiven, Waffen, Motoren, lebensgroße Figuren und Musikinstrumente aus den verschiedenen Epochen nebeneinander. Hauptattraktion und zum Kurieren von Flugangst definitiv nicht geeignet: die beiden Flugzeuge, die man schon von der Autobahn aus sieht. Steil aufragend die legendäre Concorde der Air France sowie die russische Tupolew TU-144.

Drei bis vier Stunden sollte man schon einplanen für die bunte Welt rund um die motorisierte Fortbewegung, zumal im Eintrittspreis noch der Besuch des angeschlossenen IMAX-3D-Kinos mit stündlich wechselndem Angebot enthalten ist. Absolut sehenswert im wahrsten Sinne des Wortes, doch je nach Film ist das nichts für schwache Nerven. Durch die spezielle Technik spielt sich die Handlung nicht nur auf der 22 mal 27 Quadratmeter großen Leinwand ab, sondern im gesamten Zuschauerraum. Ein vorbei sausendes Flugzeug kann auf diese Weise schon mal den Kopf einziehen lassen und dem Spinnenphobiker sträuben sich bei der Tarantel auf der Leinenwand schon mal „in echt" die Nackenhaare. Die Grenze zwischen Wirklichkeit und Leinwand verschwimmt, und gerade bei Natur- und Tierfilmen kann dies ein unvergessliches Erlebnis sein.

ADRESSE: Museumsplatz, 74889 Sinsheim, ➜ *www.technik-museum.de.*
TIPP: Eintrittskarten für das IMAX-3D-Filmtheater sollten Sie vorher unter 0 72 61 / 92 99 - 0 reservieren.

87 SCHLOSSGARTEN SCHWETZINGEN

Kultur und Natur – harmonisch vereint

Angeblich hat Voltaire auf dem Totenbett, nach seinem letzten Wunsch befragt, gesagt, er wolle noch einmal den Schwetzinger Schlosspark sehen. Kein Wunder, denn obwohl das Schloss reizend daherkommt mit seiner roten Fassade, den grazilen Zirkelbauten und der Orangerie, so spielt doch im Fall von Schwetzingen eindeutig der Garten die Hauptrolle. Schloss und Garten gehen auf eine mittelalterliche Wasserburg zurück, und man konnte damals sicher noch nicht ahnen, dass aus ihr einmal ein einzigartiges Kunstwerk hervorgehen würde, ein pfälzisches Versailles. Man sieht sie vor sich: all die Größen, die der Hof von Kurfürst Carl Theodor angezogen hat und die darin lustgewandelt sind wie auf einer Bühne – Mozart, der oben genannte Voltaire, Hölderlin, Eichendorff und, inkognito als Graf von Falkenstein, Kaiser Franz Josef II.

Der Garten, in dem man immer wieder Neues entdeckt, trägt die Züge eines symmetrischen französischen Landschaftsgartens und weist ebenso die Merkmale eines englischen Parks auf. Herrliche Alleen. Hier eine Moschee. Dort ausgeklügelte Wasserspiele mit prachtvollen Figuren wie Pan, dem Gott der Hirten und Herden, der auf seiner Syrinx spielt. Das Sonnenrelief im Apollotempel, der Minervatempel, aber auch die Laubengänge, die im Herbst von flammend rotem Laub überwuchert sind. Einsame Brücken, die ideal für einen Heiratsantrag wären, würden nicht die Augen des frisch Verloben allzu wohlwollend über die üppigen Formen der schönen Galatea mit einem Triton im „Hain der Liebe" wandern. Einen französischen Akzent setzt die aus dem Schlosspark von Luneville übernommene Anlage der wasserspeienden Vögel. Ein Märchen ist das Blütenmeer der Japanischen Kirschbäume im Türkischen Garten – ein Sinnbild der Ruhe vermittelt der zugefrorene Große Weiher im Winter. Hinter dem Badehaus des sinnenfrohen Carl Theodor wartet ein dicht umwachsener, von einem Gitter versperrter Gang, an dessen Ende man weit entfernt eine Flusslandschaft als „Ende der Welt" erblickt. Ein optischer Trick, mit dessen Hilfe dreißig Meter wie dreißig Kilometer erscheinen. Man will es nicht genau wissen. Das Ende der Welt? Wo könnte man es besser ertragen als hier …

ADRESSE: Schloss Schwetzingen, 68723 Schwetzingen, → *www.schloss-schwetzingen.de*. **TIPP:** Ab April unbedingt Spargel auf dem Schwetzinger Markt kaufen – oder in den Restaurants rund um Schloss- und Schlossgarten kosten.

88 NECKARGEMÜND

Die schöne Nachbarin Heidelbergs

Es muss nicht immer nur Heidelberg sein. Am Neckar lassen sich noch andere – manchmal beschaulichere – Entdeckungen machen. Neckargemünd ist so eine Entdeckung, nicht nur, aber auch für Freunde des Wanderns, denn die kleine, herrlich am Fluss gelegene Stadt ist das Tor zum raueren Odenwald und damit Ausgangspunkt vieler Touren.

Die ehemalige Reichsstadt an der Mündung der Elsenz in den Neckar, acht Kilometer ostwärts von Heidelberg, dehnt sich genussvoll an bewaldeten Hängen und in lieblichen Tälern aus. Der Besucher kann natürlich mit dem Auto anreisen, doch die beschaulichere und entschleunigte Variante ist die mit einem der vielen Neckarschiffe von Heidelberg aus. Vom Hafen aus kann die Stadt erobert werden.

Die schmalen gewundenen Gässchen mit ihren Fachwerkfassaden aus dem 16. Jahrhundert, das klassizistische Rathaus und das 1788 errichtete Carl-Theodor-Tor haben die Verwüstungen des Jahres 1689 im Zuge des Pfälzischen Erbfolgekriegs überstanden und sind in ihrer Authentizität unbedingt sehenswert. Letzteres ist eine beeindruckende frühklassizistische Toranlage, mit Amphoren und Wappenschmuck versehen, und wurde von den Bürgern der Stadt zu Ehren des zu seiner Zeit sehr beliebten Kurfürsten Carl Theodor errichtet.

Neckargemünd ist eine gastfreundliche und heitere Stadt, sie lockt mit vielen gemütlichen Restaurants und Gaststätten. Wem der Sinn mehr nach einem Museumsbesuch steht, der begebe sich ins Alte Rathaus, wo das dortige Museum interessante Exponate zur Geschichte der Neckarschifffahrt bereithält.

Lohnenswert: Ein Abstecher zum weithin bekannten gegenüberliegenden Dilsberg, einem Stadtteil von Neckargemünd, wo auf 333 Metern Höhe ein malerisches altes Wehrdorf mit pittoresker Altstadt und Stadtmauer mit Türmen lockt.

ADRESSE: 69151 Neckargemünd, ➜ *www.neckargemuend.de.*
TIPP: Die Burgfeste Dilsberg kann von April bis Ende Oktober besichtigt werden. Informationen gibt es bei der Tourist-Info Neckargemünd unter 0 62 23 / 35 53.

89 KLOSTER SCHÖNAU

Vergangene Klosterkultur im Waldidyll

Mehr als 870 Jahre sind vergangen, seit Bischof Buggo II. von Worms am 21. März 1142 das Zisterzienserkloster „in der schönen Au" als Ableger des im Rheingau liegenden Mutterhauses Kloster Eberbach gründete.

Ein treffender Name für das waldreiche und idyllische Tal der Steinach im Schutz des Odenwaldes. Seit der Durchführung von Sanierungsmaßnahmen, bei denen wertvolle Grabungsfunde zutage kamen, zeigt sich, welch reiche klösterliche Vergangenheit der malerische Ort aufweist. Eine Vergangenheit, die von Episoden und Legenden geprägt ist. So etwa die Geschichte der Hildegunde von Schönau, die – als Junge verkleidet – als Novize Aufnahme im Kloster fand. Erst nach ihrem Tode stellte sich heraus, dass unter der Kutte ein Frauenkörper versteckt war.

Überliefert ist auch die Legende von den Laienbrüdern, die wütend darüber waren, dass sie keine neuen Schuhe bekamen und unter der Anführerschaft eines Rebellen planten, die Schuhe der Mönche absichtlich zu zerschneiden. Der Anführer fiel urplötzlich tot um und musste seinem Schöpfer ohne vorherige Buße gegenübertreten. Danach fiel die Klosterrevolte in sich zusammen. Die Geschichte ist in dreien der berühmten zehn Federzeichnungen aus dem 16. Jahrhundert festgehalten, die das Klosterleben in Schönau zeigen und die als Leihgabe bereits in aller Welt ausgestellt wurden.

Nach der Auflösung des Klosters in der Reformationszeit siedelten sich im Juni 1562 35 wallonische Glaubensflüchtlinge mit Familien in Schönau an. Dieser Zuzug tat dem Ort gut. Die wallonischen Tuchmacher und Schönfärber packten an und machten Schönau bis zur Mitte des 18. Jahrhunderts zur führenden Tuchstadt der Kurpfalz. Zwar setzte im Herbst 1621 im Pfälzischen Erbfolgekrieg General Tilly der Stadt schwer zu, doch der Gewerbefleiß ihrer Bewohner ließ sich nicht aufhalten. Vom Kloster selbst blieben nur das ehemalige Herrenrefektorium und ein einziges Joch vom Kreuzgang erhalten.

ADRESSE: Rathausstraße, 69250 Schönau, → *www.stadt-schoenau.de*. **TIPP:** Besuchen Sie das Kulturhistorische Museum – die Hühnerfautei. Geöffnet ist die Ausstellung zur Klostergeschichte immer sonntags von 14–16.30 Uhr.

90 EBERBACH

Hier wurde die englische Queen geboren – beinahe!

Ein Saunabesuch gefällig? So heißt es in Eberbach am Neckar, der einstigen Reichsstadt zu Füßen einer Stauferburg gelegen, schon seit dem 16. Jahrhundert. Heute ist sogar ein Event mit Essen im Rahmen des heilenden Thermalbadbesuchs draus geworden.

Am Lindenplatz, im Zentrum der sensibel restaurierten Stadt mit ihren vier teilweise begehbaren Türmen und dem Thalheim'schen Haus aus dem 14. Jahrhundert, steht auch eines der besterhaltenen mittelalterlichen Badhäuser. Dieses genussfreudige Gebäude wurde vermutlich gegen Ende des 16. Jahrhunderts auf den Fundamenten eines früheren Hauses errichtet, zumindest weisen Holzproben aus dem Gebälk auf 1565 als Jahr der Fällung hin. In den 1970er Jahren wurde es aufwändig und sachkundig restauriert. Ist man die Außentreppe mit der ungewöhnlichen Brüstungsplatte hinaufgegangen, so empfängt den heutigen Besucher eine dreischiffige Badstube in einem schönen Kreuzgratgewölbe. Die an der Seite angebaute Feuerkammer lässt ahnen, dass hier zum Schwitzen eingeheizt wurde. Im 16. Jahrhundert gab es keine Bäder in den Wohnungen, die Badstube war ein wichtiger Ort zum Reinigen, Gesunden, Schwatzen – und für ausgiebige Trinkgelage. Einzelheiten mag man sich nicht vorstellen. Der Hygienegedanke wandelte sich ab dem 17. Jahrhundert, und in zunehmendem Maße waren nun Ärzte für die Menschen da. Es begann damit der Niedergang der als heilend angesehenen Schwitzstuben.

Übrigens wäre Königin Viktoria von England beinahe in Eberbach geboren worden. Deren Eltern weilten gerade zu einem Besuch dort, als bei der Königinmutter die Wehen einsetzten. Schnell wurde Victoria Luise, die Herzogin von Leiningen, auf ein englisches Schiff auf dem Neckar gebracht, um die Geburt auf englischem Territorium zu sichern. Eine schöne Legende. An diese Episode erinnert heute die köstliche Viktoria-von-Eberbach-Torte, die von der hiesigen Konditorei Café Viktoria angeboten wird. Einen wahrhaft krönenden Abschluss könnte eine Dampferfahrt auf dem Neckar nach Zwingenberg oder zur Burg Hirschhorn bilden.

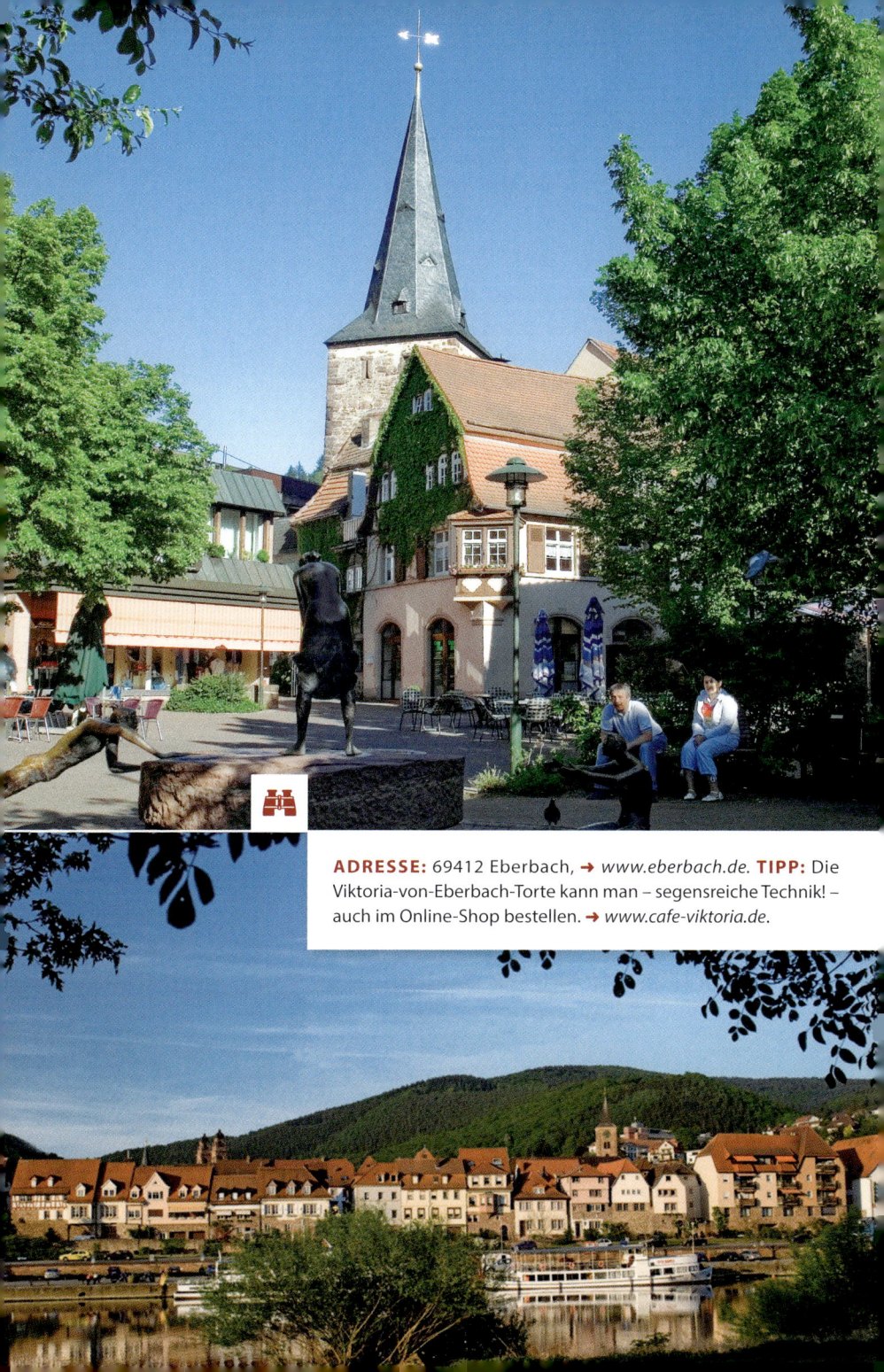

ADRESSE: 69412 Eberbach, ➜ *www.eberbach.de.* **TIPP:** Die Viktoria-von-Eberbach-Torte kann man – segensreiche Technik! – auch im Online-Shop bestellen. ➜ *www.cafe-viktoria.de.*

91 ODENWALD

Mittelgebirge zwischen Hessen, Bayern und Baden

Der markante Gebirgszug mit dem vom Odenwaldclub vorbildlich ausgeschilderten Wegenetz erstreckt sich auf 65 Kilometern zwischen Darmstadt und Wiesloch, wobei er nur im Süden zu Baden gehört. Steil nach oben geht es von der Turm- und Fachwerkstadt Eberbach am Neckar aus und durch das Ittertal dann etwas sanfter aufwärts bis zum Katzenbuckel. Auf den hier oft angenehm leeren Straßen führt der Weg weiter nach Amorbach oder Buchen und berührt dabei die von Worms kommende Siegfriedstraße. Doch warum nicht einfach am Katzenbuckel verweilen und die angenehm stille Landschaft aus Wäldern, Wiesen, Hügeln und Tälern genießen?

Anders als mancher Berg in Südbaden ist das Gebiet rund um den zu der Gemeinde Waldbrunn gehörenden Katzenbuckel naturbelassen, und man ahnt noch etwas von der bäuerlichen Lebensart früherer Zeiten, auch wenn es durchaus beachtenswerte Zeugnisse von sakraler Baukunst gibt, wie etwa die Jugendstilkirche in Waldkatzenbach-Strümpfelbrunn. Der Katzenbuckel, zu dessen Füßen die Ortschaft Waldkatzenbach als Ausgangspunkt für schöne Wanderungen liegt, ist mit seinen 638 Metern die höchste Erhebung des Odenwaldes und erinnert mehr an ein Hochplateau als an einen Gipfel. Die markante Basaltkuppe ist ein Überbleibsel der vulkanischen Aktivitäten gegen Ende der Kreidezeit vor rund 68 Millionen Jahren. Der seit 1954 unter Landschaftsschutz stehende Gipfelbereich ist bequem durch einen etwa 40-minütigen Aufstieg oder über gut markierte Wanderwege vom neun Kilometer entfernten Eberbach aus zu erreichen. Bereits 1820 wurde der 18 Meter hohe Aussichtsturm errichtet, der einen grandiosen Rundblick über die weiten Wälder des Odenwaldes bis zu Taunus, Spessart und Kraichgau ermöglicht. Ein Geheimnis umgibt den Steinbruchsee unterhalb des Katzenbuckels, dessen Wassermenge zu schwinden scheint. Doch rätselhaft bleibt ohnehin, wie ein See auf über 600 Meter Höhe entstehen konnte, ohne Speisung durch ein Fließgewässer. Hier blühen die Spekulationen. So ist die Rede von einem unterirdischen Strom, der Wasser aus der Schwäbischen Alb oder aus den Vogesen zuführe.

→ *www.odenwald.de.* **TIPP:** Im hessischen Teil des Odenwalds befindet sich das Welterbe Grube Messel. Gehen Sie auf eine Zeitreise durch die Erdgeschichte!

92 SCHLOSS HEIDELBERG
Die berühmteste Ruine Deutschlands

Man könnte auch die Bahn nehmen, doch Hochkeuchen ist irgendwie besser und außerdem Kult. Elend steile Stiege vom Kornmarkt über den Burgweg und den Kurzen Buckel hinauf, zwischendurch verschnaufen, Schweißtröpfchen abwischen, runter über den Basaltsockel auf die Dächer der Stadt gucken und schon einmal einen Vorgeschmack auf das genießen, was einen oben erwarten wird. Tausend Mal hat man es gesehen: Auf Kalendern, in Reiseführern, auf Postkarten. Als Titelbild von Romanen, Krimis, auf Tellern, Tassen und T-Shirts. Trotzdem weiter! Die spektakuläre Ruine liegt 80 Meter über der Hauptstraße, doch gefühlt sind es mehr. Vor allem, weil man oben weit weg ist vom Gewusel und dichten Gedränge der Touristenstadt Heidelberg.

Man schreitet durch den Torturm in den Schlosshof, vorbei am Gefangenenturm, der vielsagenderweise Seltenleer heißt, und lässt zunächst das hochgelobte Apothekermuseum im Ottheinrichsbau und die einzelnen Bauten wie den Frauenzimmerbau und den Bibliotheksbau hinter sich. Hinaus Richtung Hortus Palatinus, der sich ausgedehnt an eine Flanke des Königsstuhls schmiegt und den schon Goethe schätzte. Auf der Scheffelterrasse wartet der Blick schlechthin, der einst schon Mark Twain für den Aufstieg entschädigte, genau wie jetzt auch uns: auf den Neckar, wie er sich herauswindet aus seinem engen Tal, um in die Rheinebene zu gelangen. Unscharf kann man hinten, ja, da wo es dunstig ist, die Silhouette der Quadratestadt Mannheim erkennen. 1689 wurde das Heidelberger Schloss von den Franzosen zerstört. Kurfürst Karl Philipp wollte es wieder aufbauen, Carl Theodor wieder dort einziehen – doch ein Blitzschlag machte 1764 diese Pläne zunichte. Im Schlosskeller bewacht Zwerg Perkeo, übrigens kein Heidelberger, sondern ein Knopfmacher aus Tirol, das 1751 gebaute 221 726 Liter fassende Weinfass. In der Schlosskapelle, 1959 restauriert, lässt es sich vortrefflich heiraten – und wer Wert auf einen eher stillen Ehepartner legt, kann ja den Test mit ihm machen: Nach einer Sage wird dem Besucher, der es schafft, ohne ein Wort von der Zugbrücke bis zur Schlossfassade zu gehen, ein Wunsch erfüllt.

ADRESSE: Schlosshof 1, 69117 Heidelberg, → *www.schloss-heidelberg.de*.
TIPP: Am zweiten und dritten Adventswochenende lädt Heidelberg zur „Frohen Schlossweihnacht". Das erleuchtete Schloss und die vielen Verkaufsstände machen sie zu einem unvergesslichen Erlebnis.

93 HEIDELBERG

Altstadt und Philosophenweg

„Eure Stadt wollen wir verschonen, denn hier wollen wir wohnen". So soll der Text der Flugblätter gelautet haben, die die Amerikaner wohlweislich anstatt Bomben über der ältesten deutschen Universitätsstadt abgeworfen hatten. Unzerstört blieb so die einzigartige Harmonie von Toren, Brücken, Türmen und engen Gassen sowie romantischen Plätzen, die sich in der Talbucht unterhalb von Schloss und Königstuhl entfaltet. Postkartenansichten an jeder Ecke. Und urdeutsche Gemütlichkeit und Tradition überall, wohin das Auge blickt. Das älteste Pauklokal Deutschlands, die „Hirschgasse", das filmreife und als einziges seiner Art erhaltene Renaissance-Gasthaus „Haus zum Ritter", die Gaststätten rund um die Alte Brücke mit dem Brückenaffen und der „Goldene Hecht", wo Goethe beinahe übernachtet hätte.

Ja, natürlich gibt es die Museen, beispielsweise das barocke Stadtpalais des Universitätsprofessors Philipp Morass. Aber für echtes Vergangenheitsfeeling stehen auch der Karzer im rückwärtigen Gebäude der alten Universität und die Verkaufsstände zwischen den Strebepfeilern der Heiliggeistkirche, die seit Errichtung der Kirche in der ersten Hälfte des 15. Jahrhunderts an Händler vermietet wurden und heute noch werden. Einen Spaziergang der besonderen Art bietet der Philosophenweg, der am gegenüberliegenden Hang des Heiligenberges verläuft. Von hier aus hat man die beste Sicht auf Stadt und Schloss, und er gilt manchen als einer der schönsten Promenadenwege der Welt. Aufgrund der sonnigen und geschützten Lage wachsen hier exotische Pflanzen, die den Weg schon im 19. Jahrhundert nicht nur für denkende Philosophen zur Attraktion werden ließen. Läuft man über den Keltenweg weiter, so kommt man zum Heiligenberg, einem der bedeutendsten frühgeschichtlichen Heiligtümer Deutschlands. Seit der Jungsteinzeit bewohnt, schon in keltischer Zeit ein „Götterberg", in germanischer Zeit wohl die Kultstätte für Gott Wotan, lässt der Heiligenberg auch Reste eines Mithrasheiligtums erkennen. Später haben die Christen diesen lange besiedelten Ort für sich beansprucht und im 9. und im 11. Jahrhundert zwei Klöster errichtet, die nur noch als Ruinen erkennbar sind.

ADRESSE: 69117 Heidelberg, → *www.heidelberg.de*. **TIPP:** Eine Rundfahrt auf dem Neckar im größten Solarkatamaran der Welt ist ein besonderes Erlebnis. → *www.hdsolarschiff.com*.

94 MANNHEIM

Quadratestadt nach Plan

Mannheim hat ein Imageproblem: Modern. Hässlich. Reine Industriestadt. Nichts davon stimmt. Die lebhafte multikulturelle Stadt mit dem zweitgrößten Binnenhafen Europas wurde in einer Schenkungsurkunde des Klosters Lorsch schon 766 erwähnt und ist auch heute weder hässlich noch eine reine Industriestadt. Die Stadt mit den Quadraten anstatt Straßennamen war lange Zeit Sitz der einflussreichen Dudenredaktion. Sie besitzt mit dem großzügigen Festhallenkomplex Rosengarten am Friedrichsplatz eine einzigartige geschlossene und beeindruckend schöne Jugendstilanlage. Besonders stolz sind die Mannheimer aber auf ihr Schloss, das mit seinen 450 Metern Frontlänge die gesamte Westseite der Mannheimer Altstadt einnimmt. 1720 zog Kurfürst Karl Philipp von Heidelberg hierher um, und 40 Jahre hat er gebraucht, um dieses repräsentative Schloss erbauen zu lassen. Mit über 500 Räumen und sechs Hektar umbauter Fläche ist es das größte Barockschloss Deutschlands. Sein nicht gerade bescheidenes Vorbild war das Schloss Versailles, und das Mannheimer Schloss galt offiziell sogar als größer als die Residenz der französischen Könige, da es genau ein Fenster mehr besaß. Tatsächlich ist es jedoch etwas kleiner und damit eben nur die Nummer zwei unter den Barockschlössern in Europa.

Auch im Inneren hat das Schloss einiges zu bieten. Prunkvolle Räume zeigen die Macht der Kurfürsten, und im 19. Jahrhundert kamen noch die im Empirestil gestalteten Zimmer für die Großherzogin Stephanie von Baden, Napoleons Stieftochter, hinzu.

Das Schloss wurde im Krieg fast vollständig zerstört, doch die Mannheimer haben es sich nicht nehmen lassen und die Anlage in einem Zeitraum von 60 Jahren wiederhergestellt. Heute ist die imposante Schlossanlage fest in der Hand von Studierenden, die in den Räumen mit den hohen Wänden lernen und sich in den Innenhöfen begegnen können. Seit 2007 gibt es ein Schlossmuseum in den restaurierten Räumen der Beletage.

ADRESSE: Schloss Mannheim, Bismarckstraße 1, 68161 Mannheim, ➜ *www.schloss-mannheim.de*. **TIPP:** Das badische Hofsilber wird im Vorzimmer des Kaiserlichen Quartiers auf einem gedeckten Tisch präsentiert. Absolut sehenswert!

95 LUISENPARK MANNHEIM

Central Park auf badisch

Der Luisenpark ist der Central Park Mannheims und hat Tradition. Bereits um 1900 wurde der erste Teil des Parkes fertiggestellt. Später folgten etliche Erweiterungen, und zur Bundesgartenschau 1975 verwandelte sich die Anlage in ein mehr als 40 Hektar großes blühendes Wunder mitten in der Stadt. Benannt ist das ausgedehnte Blumenparadies nach Luise Elisabeth von Preußen (1838–1923) und ist angeblich die schönste Parkanlage Deutschlands, vielleicht sogar Europas.

Nebenbei ist der Luisenpark noch ein sehr demokratischer Park, denn das klassenbewusste Arbeiterkind aus Mannheim-Schönau und der ebenfalls klassenbewusste Nachwuchs aus der feinen Oststadt werden den Park garantiert mit der Schulklasse oder den Eltern besuchen. Jeder für sich und irgendwann. Und dann werden sie den Bauernhof bestaunen, falls sie noch keinen richtigen gesehen haben, werden am Kutzerweiher ferngesteuerte Bootchen fahren lassen und zur Seebühne schlendern, der Musik lauschen, die Schmetterlinge in ihrem eigens für sie erbauten Haus bestaunen und in einer nachgestellten Dschungellandschaft im Pflanzenschauhaus trägen Schlangen die Zunge herausstrecken. Alles auf einem riesengroßen Gelände mit viel, viel Grün, ohne Hunde, dafür mit stählernen Liegen zum Ausruhen, mit Gebirgsbach, Burgenspielplätzen, Volieren, Schautafeln, Wiesen, steinernen Brunnen, stolzierenden Flamingos. Und vor allen Dingen lockt das chinesische Teehaus mit Brückchen und Terrasse, eingebettet in zierliches Päonien-Gehölz – das größte chinesische Teehaus Europas, wo man echte fernöstliche Teezeremonien erleben kann.

Der 2001 eröffnete „Garten der vielen Ansichten" ist heute eine der Hauptattraktionen des Parks. Er wurde in Zusammenarbeit mit der chinesischen Partnerstadt Zhenjiang und der am anderen Rheinufer liegenden Stadt Ludwigshafen gestaltet.

ADRESSE: Gartenschauweg 12, 68165 Mannheim,
→ *www.luisenpark.de.* **TIPP:** Im Sommer findet im
Luisenpark die Veranstaltungsreihe „Seebühnen-
zauber" statt – mit Konzerten nationaler und inter-
nationer Top-Acts.

96 LADENBURG

Die älteste Stadt Deutschlands – rechtsrheinisch

Ja nicht vorbeifahren an Ladenburg! Das wäre so, als führe man durchs Taubertal und ließe Rothenburg links liegen! Doch die Gefahr, Ladenburg zu übersehen, besteht nicht. Schon aus der Ferne sieht man die hochragenden Türme von Martinstor und Hexenturm, die beide aus dem 13. Jahrhundert stammen. Ein Spaziergang durch Ladenburg bedeutet tatsächlich die Begegnung mit 2000 Jahren Baugeschichte. Der romantische Ort – älteste Stadt Deutschlands rechts des Rheins – hatte allerdings auch Glück: Der Dreißigjährige Krieg und die Zeit des Pfälzischen Erbfolgekriegs, als wütende französische Truppen durch die Region zogen, gingen fast ebenso unbeschadet an ihm vorüber wie der Zweite Weltkrieg. Von dem keltischen „Lokudunom" aus dem 5. Jahrhundert sind nur noch Spuren übrig geblieben, die Gegenstand wissenschaftlicher Forschungen sind. Besser erhalten sind die Hinterlassenschaften der römischen Zeit aus dem ersten Jahrhundert nach Christus. Zu dieser Zeit hatte Kaiser Trajan ein Militärlager errichtet und die Stadt „Lopudunum" mit besonderen Privilegien ausgestattet – und diese Tatsache hat Ladenburg nachhaltig geprägt.

Im sechsten Jahrhundert wurde „Lobdenburg" zum Zentrum des fränkischen Lobdengaus, der das untere Neckartal bis nach Eberbach einschloss. Ladenburgs Stadtpfarrkirche stammt aus dem 13./14. Jahrhundert, die Fundamente – wie könnte es bei solch einer betagten Stadt anders sein – sind aber wesentlich älter, und so wurde die Krypta vermutlich um 1008 herum gebaut. Die Grundmauern einer alten Basilika wurden von den Römern im 3. Jahrhundert für die Errichtung einer Markthalle – dem zweitgrößten antiken Gebäude nördlich der Alpen – genutzt. Andersherum haben die Bischöfe von Worms eine Burg auf den Resten eines fränkischen Königshofes aufgebaut, der aber auch seinerseits bereits auf Fundamenten aus römischer Zeit fußte. In der Burg der Bischöfe war als letzter Prominenter Kaiser Maximilian im Jahre 1502 zu Gast bei Bischof Dalberg. Das war in der Blütezeit Ladenburgs, welches danach in eine Art Schönheitsschlaf versank, aus dem es in gewissem Sinne noch nicht erwacht ist.

ADRESSE: 68526 Ladenburg, → *www.ladenburg.de.*
TIPP: Ein Besuch des Automuseums Dr. Carl Benz lohnt sich. Hier werden historische Fahrzeuge der Marken Benz, C. Benz Söhne und Mercedes Benz gezeigt. → *www.automuseum-dr-carl-benz.de.*

97 WEINHEIM

Heimat der exotischen Bäume

Sieh, das Gute liegt so nah: Weinheim nämlich, die sogenannte „deutsche Riviera" und, wie Philosophenmutter Johanna Schopenhauer behauptete, „nicht nur der schönste, auch der wärmste Ort der Bergstraße". Nicht immer. Wenn die kalten Winde vom Odenwald herunter wehen, sitzen auch die Weinheimer fröstelnd in den Gaststätten mit Außenbewirtschaftung an ihrem schönen Marktplatz. Dreht der Wind allerdings, so schwappt warme Luft vom Rhonetal in das Städtchen, das in einer Bucht im Schutz einer Bergbarriere tatsächlich begünstigt liegt. Schon die Römer bauten hier Kirschen und Pfirsiche an. Weinheim heißt der Ort, der im Schatten von Burg Windeck und Burg Wachenburg liegt, nicht wegen des Weins, sondern wegen „Wino", was ein fränkischer Vorname ist und wohl auf jenen Franken zurückgeht, der sich um 500 herum hier am Schnittpunkt zweier reizvoller Täler, dem Weschnitztal und dem Gorxheimertal, niederließ. Der Marktplatz am Berg, auch gern „hängender Marktplatz" genannt, und das Gerberbachviertel mit seinem Labyrinth verwinkelter Gassen bieten überaus reizvolle Anblicke. Schloss, Schlosspark und Rathaus sind auf alle Fälle einen Sonntagnachmittagsausflug wert. Für viele Mannheimer ist das nahe gelegene Weinheim die gute Sonnenstube – so wie es Baden-Baden für die Karlsruher ist.

Einmalig ist der von Graf Christian von Berckheim begründete Exotenwald. Oberhalb des im idealisierten englischen Gartenstil angelegten Schlossparks ließ er seiner ungewöhnlichen botanischen Leidenschaft freien Lauf und pflanzte die Samen exotischer Bäume und Pflanzen an, die er von seinen Reisen mitbrachte und hier heimisch machte. Trotz des milden Klimas gelang das Experiment nicht bei allen Gewächsen, doch noch heute sind auf den 60 Hektar 165 alte Mammutbäume mit mehr als 60 Metern Höhe zu bestaunen. 40 Nadelbaum- und 30 Laubbaumsorten aus fernen Landen konnten überdauern, darunter die höchste Libanonzeder Deutschlands.

ADRESSE: 69469 Weinheim, ➜ *www.weinheim.de.*
TIPP: Das Museum der Stadt Weinheim, das ehemalige Deutschordenshaus, zeigt spannende archäologische Funde aus der Region. ➜ *www.museumweinheim.de.*

98 MOSBACH

Pittoreske Fachwerkstadt am Neckar

Matthäus Merian, der (natürlich) einen detailgetreuen Stich des Städtchens liefert, nennt Mosbach nicht umsonst „eine feine, wohlgebaute Stadt". Idyllisch am südlichen Eingang zum Odenwald gelegen, verfügt Mosbach über einen direkten Zugang zum Neckar, der hier den Odenwald durchbricht. Bereits 736 haben Benediktinermönche die Abtei „am mosigen Bach" gegründet. Schöne Fachwerkbauten drängen sich besonders um den Marktplatz zwischen Rathaus und St. Juliana, der Stadtkirche. Sie strahlen die Behaglichkeit und den Wohlstand des hiesigen Bürgertums aus, denn die Mosbacher waren seit jeher emsig und findig. In ihrer Stadt wurden feines Tuch, scharfe Messer und kostbar geschliffene Degen hergestellt. Doch auch in den schmalen Nebensträßchen begegnet man immer wieder gut erhaltenen Häusern mit reichem Fachwerkschmuck.

Das Mosbach von heute hat schon früh in eine Fußgängerzone investiert, und so ist das gemächliche Flanieren durch die Winkel der Stadt bereits Tradition. Schönstes Haus am Marktplatz ist gewiss das Palm'sche Haus aus dem Jahre 1610, ein prachtvoller Bau im Stil der Renaissance. Schräg gegenüber steht das Rathaus aus dem Jahr 1554, das kurioserweise auf den ersten Blick mehr wie eine Kirche aussieht – tatsächlich wurde es auf den Grundmauern der alten Cäcilienkirche erbaut, deren Anfänge bis ins Jahr 850 zurückgehen sollen. So ist in seinem Unterbau der Rest eines gotischen Chorturms „verwertet". Im Turm hängt noch eine Glocke aus dem Jahr 1458, die offiziell Cäcilienglocke heißt. In Mosbach wird sie allerdings „Lumpenglöckle" genannt, da sie aus alter Tradition täglich um 22.45 Uhr geläutet wird, und dann müssen die späten Zecher, „Lumpen" genannt, nach Hause gehen. In einer Seitenstraße findet sich im Fachwerkhaus Kickelhain das Heimatmuseum. Die in Mosbach gelebte religiöse Toleranz zeigt sich in der Simultannutzung der ehemaligen Stiftskirche. Das Langhaus mit seinem Scheingewölbe und der Mauer zum Chor hin ist für die Evangelischen reserviert, während in dem fünfjochig gewölbten und polygonal schließenden hoch aufragenden Chor der katholische Gottesdienst abgehalten wird.

ADRESSE: 74821 Mosbach, → *www.mosbach.de*. **TIPP:** Mosbach liegt an der Burgenstraße. In unmittelbarer Nähe kann man unter anderem Burg Hornberg, Burg Guttenberg, die Zwingenburg und die Minneburg besuchen.

99 BUCHEN

Von Stalagmiten und Stalaktiten

Am 13. Dezember 1971 wurden in einem Steinbruch bei Eberstadt Spreng-arbeiten zur Gewinnung von Straßenschotter vorbereitet. Die Arbeiter stellten fest, dass Bohrmeißel und Gestänge zwei Meter wegrutschten. Das Bohrloch ließ sich nicht mit Sprengstoff füllen. Deshalb vermutete man, auf eine kleine Spalte im Fels gestoßen zu sein. Als sich nach der Sprengung die Gase und der Staub lichteten, wurde eine Öffnung in der Wand sichtbar. Die Arbeiter kamen neugierig herbei und erblickten so als erste die wundervolle Welt einer Tropfsteinhöhle, die sich vor ein bis zwei Millionen Jahren im unteren Muschelkalk aus den Ablagerungen eines 150 Millionen Jahre alten Binnenmeeres gebildet hatte.

Die Einwohner von Eberstadt begannen sofort damit, die Höhle be-gehbar zu machen. Siebentausend Arbeitsstunden waren vonnöten, bis es soweit war: Am 9. September 1973 wurde die Höhle feierlich eröffnet. An den meisten Stellen des rund sechstausend Meter langen Rundweges ist die Höhle sechs Meter hoch, nur hier und da müssen Hochgewachsene den Kopf ein wenig einziehen. Teilweise ist die Höhle behindertengerecht ausgebaut. Zu den schönsten und sehenswertesten Stalagmiten – Auftropf-steine im Gegensatz zu den an der Decke herunterhängenden Stalaktiten – gehören der berühmte „Nikolaus" und die sogenannte „Hochzeitstor-te". Solch eine Höhle ist ein Besuchermagnet. Pro Tag können es bis zu zweitausend Menschen sein, die die stille Welt mit Leben und mit ihrer Atemluft erfüllen. Dies hat zu einer unfreiwilligen Begrünung der Höhle geführt. Sporen wurden eingeschleppt und, wie als ob die Welt neu er-schaffen würde, haben sich Farne und Moose auf den Steinen angesiedelt. Und das bei Temperaturen von zehn Grad Celsius, bei 95 Prozent Luft-feuchtigkeit und nur wenigen Stunden Licht am Tag. Wie widerstandsfä-hig ist doch die Evolution! Die Tropfsteinhöhle setzt sich unterirdisch zu einer nicht zugänglichen weiteren Höhle, „Hohler Stein" genannt, fort. Radfahrer kommen über den Höhlenrundweg von Buchen in den Ortsteil Eberstadt, wo man im „Prinz Carl", einer ehemaligen Posthalterstation, traditionell gut einkehren kann.

ADRESSE: Höhlenweg 6, 74722 Buchen, ➜ *www.tropfstein-hoehle.eu.* **TIPP:** Die Eberstadter Höhlenwelten sind von März bis Oktober täglich, von November bis Ende Februar nur an Samstagen, Sonntagen und Feiertagen geöffnet.

EBERSTADTER
TROPFSTEINHÖHLE
1971

100 DER LIMES

Entlang des römischen Grenzwalls

Die deutsche Limesstraße folgt dem Verlauf des Obergermanisch-Rae-tischen Limes von Rheinbrohl/Bad Hönningen am Rhein bis nach Regensburg. Ein Teil des Strecke führt dabei durch den Odenwald.

Von Wörth am Main quer durch den östlichen Odenwald bis zum Neckar verlief als Außengrenze des Römischen Reiches seit 1000 n. Chr. der sogenannte Odenwaldlimes auf rund 65 Kilometern. Kein massiver Grenzwall übrigens, der gegen kriegerische Angriffe geholfen hätte, sondern eher eine bewachte Grenzlinie zur Verhinderung kleinerer Einfälle mit 80 hölzernen und später zum Teil auch steinernen Wachtürmen, einem Palisadenzaun aus Holzpfosten und zahlreichen Kastellen, in denen die Legionäre stationiert waren. Verpflegt wurden sie durch die Produkte von Meierhöfen der Umgebung. Der Verlauf dieses Limes-Abschnittes, aber auch Reste römischer Militär- und Profanarchitektur lassen sich mit gutem Landkartenmaterial und vorbildlichen Beschilderungen aufspüren und rekonstruieren. Man darf sich die Szenerie zumindest zeitweise recht friedlich vorstellen. Auf dem Limeslehrpfad in der unmittelbaren Nähe von Walldürn sind Wachtposten und eine drei Meter hohe Palisadenwand aus Buchenholz zu besichtigen, und auch auf den anderen Abschnitten des Limes-Wanderwegs stößt man überall auf die Spuren der ehemaligen Besatzer.

Das Zentrum des „Limes-Tourismus" ist jedoch die kleine Gemeinde Osterburken, deren römischer Ursprung aus einem Doppelkastell am germanischen Limes ihr zuerst landesweite Bedeutung verlieh. Die Entdeckung des Benefizianer Weihebezirks – einer römischen Kultstätte – machte die Stadt dann sogar international bekannt. Osterburken hatte Glück. Im Jahre 150 n. Chr. wurde der Limes nach Osten vorverlegt und berührte so die damalige Siedlung. Ein Teil des Kastells ist freigelegt. Viele Funde und Ausgrabungen, wie eine Badeanlage, Benefizianer Weihesteine, der berühmte Abguss eines Mithrasaltars, eine Jupitersäule, Wochengötter und Votivsteine sind im dortigen Römermuseum zu sehen, das eines der vier Informationszentren des UNESCO-Weltkulturerbes (2005) ist.

→ *www.liz-bw.de*. **TIPP:** Entlang des Neckar-Odenwald-Limes finden sich zahlreiche Museen, die einen Besuch wert sind.

101 WALLDÜRN

Heiliges Blut im Odenwald

Der Weg ist das Ziel. Das gilt auch für die Wallfahrt nach Walldürn, die immer eine Woche nach Pfingsten stattfindet. Folgt man nämlich den religiösen Pfaden durch das sogenannte „Madonnenländchen" zwischen Odenwald und Tauber, die von Madonnenstatuen und Kreuzigungsgruppen, barocken Bildstöcken, Brückenheiligen und kleinen Wegekapellchen gesäumt sind, so erwartet den Pilger dann endlich in Walldürn die überraschend mächtige Wallfahrtskirche „Zum Heiligen Blut", die nach den Zerstörungen des Dreißigjährigen Krieges in den Jahren 1698 bis 1727 neu aufgebaut wurde. Das einst kurmainzische und 1806 zum Großherzogtum Baden gekommene Walldürn ist über Deutschland hinaus bekannt geworden durch die Wallfahrt, die auf ein mystisches Geschehen zurückgeht. Im Jahre 1330 passierte dem Priester Heinrich Otto bei einer Messe das Missgeschick: Nach der Wandlung stieß er den Kelch mit dem konsekrierten Wein aus Versehen um. Auf dem Korporale, dem Kelchtuch, zeichnete sich durch den vergossenen Wein blutrot das Bild des Gekreuzigten ab, umgeben von elf „Veronicae", Abbildungen des mit Dornen gekrönten Hauptes Christi. Lange Jahre hielt der Priester das Tuch versteckt, erst auf dem Totenbett gestand er – und heute wird das alte Kelchtuch in einem kostbaren Silberschrein in der Wallfahrtsbasilika St. Georg aufbewahrt.

Nachdem Papst Eugen IV. das Blutwunder in einer päpstlichen Bulle 1445 bestätigte, sollen im 15. Jahrhundert jährlich mehr als 100 000 Menschen nach Dürn, das jetzt Walldürn hieß, gepilgert sein. Auch in den folgenden Jahrhunderten muss es stets ein festliches Bild gewesen sein, wenn die feierlichen und prunkvollen Prozessionen aus Köln, Mainz, Würzburg oder Fulda mit Kreuz und Fahnen quer durch den Odenwald gezogen sind. Die Kirche, bei der die Grundmauern des gotischen Chores als mittelalterliches Zitat in die barocke Neugestaltung miteinbezogen wurden, wirkt von außen schmucklos, ist im Inneren aber auffallend reich gestaltet. Außer den Stukkaturen sind vor allem die Orgel und die Altäre sehenswert. Der Heiligblutaltar wurde zwischen 1622 und 1626 von Zacharias Juncker dem Älteren gestaltet.

ADRESSE: 74731 Walldürn, → *www.wallduern.de.* **TIPP:** Im Ortsteil Gottersdorf liegt das nördlichste Freilandmuseum Baden-Württembergs. Ein Besuch lohnt sich. → *www.freilandmuseum.com.*

Bildnachweis

S. 17: Tourist-Information Konstanz GmbH; S. 19: o: Sven Weber, Stuttgart; u: Achim Mende, Tourist-Information Reichenau; S. 21: o. u. u. Meersburg Tourismus; S. 23: o. u. u. Tourist-Information Konstanz GmbH; S. 25: o. Sven Weber, u. Gemeinde Uhldingen-Mühlhofen; S. 27: o. u. u. Pfahlbaumuseum Unteruhldingen; S. 29: Sven Weber; S. 31: Sven Weber; S. 33: o. u. u. Tourismus GmbH Bad Säckingen; S. 35: o. u. u. Thomas Dix; S. 37: Sven Weber; S. 39: Sven Weber; S. 41: o. u. u. Hans-Thoma-Kunstmuseum, Bernau; S. 43: o. u. u. Sven Weber; S. 45: Badische Staatsbrauerei, Rothaus; S. 47: o. u. u. Touristinformation Bonndorf; S. 49: o. u. u. Sven Weber; S. 51: Sven Weber; S. 53: Sven Weber; S. 55: o. u. u. Sven Weber; S. 57: o. u. u. Hochschwarzwald Tourismus GmbH; S. 59: Sven Weber; S. 61: Clemensfranz, Wikimedia Commons; S. 63: Sven Weber; S. 65: Sven Weber; S. 67: o. u. u. Touristik-Information Vogtsburg; S. 69: o. u. u. Bürgermeisteramt St. Peter; S. 71: Sven Weber; S. 73: Wirtschaft und Tourismus Villingen-Schwenningen GmbH; S. 75: o. u. u. Sven Weber; S. 77: o. Schwarzwälder Freilichtmuseum Vogtsbauernhof, Gutach / Foto: Karl Schlessmann, u. Bildagentur Huber; S. 79: o. Touristinfo Emmendingen, u. Sven Weber; S. 81: o. lofty, Wikimedia Commons, u. Stadt Triberg im Schwarzwald; S. 83: o. u. u. Tourist-Info Ettenheim; S. 85: o. u. u. Tourist-Info Gemeinde Rust; S. 87: o. Fritz Geller-Grimm, Wikimedia Commons, u. Gargolla, Wikimedia Commons; S. 89: Henning Kreitel, Stuttgart; S. 91: Henning Kreitel; S. 93: o. u. u. Kultur- und Tourismus GmbH Gengenbach; S. 95: Henning Kreitel; S. 97: Henning Kreitel; S. 99: Henning Kreitel; S. 101: o. Henning Kreitel, u. Schwarzwaldhochstraße e.V. Baiersbronn; S. 103: Henning Kreitel; S. 105: Henning Kreitel; S. 107: Henning Kreitel; S. 109: Henning Kreitel; S. 111: Henning Kreitel; S. 113: o. u. u. Henning Kreitel; S. 115: o. u. u. Marcel Diemer, Stuttgart; S. 117: o. u. u. Henning Kreitel; S. 119: o. Frank C. Müller, Wikimedia Commons, u. Tourist-Info Bühl; S. 121: o. u. u. Baden-Baden Kur & Tourismus GmbH; S. 123: Henning Kreitel; S. 125: Michael Tietmeyer, Köln-Lövenich; S. 127: Henning Kreitel; S. 129: Henning Kreitel; S. 131: Henning Kreitel; S. 133: o. u. u. Baden Racing GmbH; S. 135: o. u. u. Stadt Rastatt; S. 137: Henning Kreitel; S. 139: o. Gemeinde Marxzell, u. Henning Kreitel; S. 141: o. u. u. Gemeinde Durmersheim; S. 143: Marcel Diemer; S. 145: Stadt Ettlingen; S. 147: Henning Kreitel; S. 149: ZKM | Zentrum für Kunst und Medientechnologie Karlsruhe, Foto: Uli Deck; S. 151: Marcel Diemer; S. 153: Naturzentrum Rheinauen; S. 155: Faustmuseum Knittlingen, Wikimedia Commons; S. 157: Marcel Diemer; S. 159: Marcel Diemer; S. 161: Gemeinde Gondelsheim; S. 163: o. u. u. Marcel Diemer; S. 165 o. u. u. Marcel Diemer; S. 167: Marcel Diemer; S. 169: Marcel Diemer; S. 171: Marcel Diemer; S. 173: Marcel Diemer; S. 175: o. u. u. Marcel Diemer; S. 177: o. u. u. Marcel Diemer; S. 179: o. u. u. Marcel Diemer; S. 181: o. u. u. Marcel Diemer; S. 183: Marcel Diemer; S. 185: Marcel Diemer; S. 187: Technik Museum Sinsheim; S. 189: o. u. u. Stadtinfo Schwetzingen; S. 191: Marcel Diemer; S. 193: Frank, Wikimedia Commons; S. 195: o. u. o. Stadtverwaltung Eberbach; S. 197: Marcel Diemer; S. 199: Heidelberg Marketing GmbH; S. 201: Heidelberg Marketing

GmbH; S. 203: Marcel Diemer; S. 205: Marcel Diemer; S. 207 o. u. u. Marcel Diemer; S. 209: Marcel Diemer; S. 211: o. u. u. Stadt Mosbach; S. 213 o. u. u. Marcel Diemer; S. 215: Limes-Informationszentrum Baden-Württemberg; S. 217: Fritz Geller-Grimm, Wikimedia Commons.

Die Autorin

Eva Klingler studierte Germanistik und Anglistik, arbeitete zeitweilig als Gymnasiallehrerin, hatte eine eigene Sprachschule und war freie Mitarbeiterin des Südwestrundfunks und der Badischen Neuesten Nachrichten. Heute lebt sie als freie Schriftstellerin in Karlsruhe und Sélestat (F).

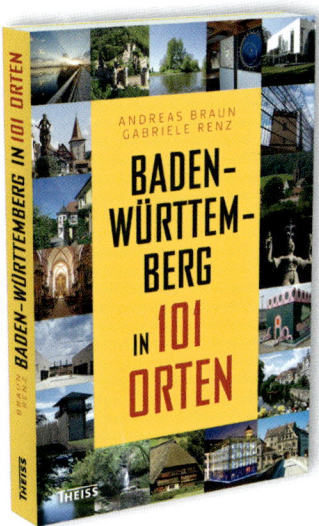